WILLIAM SHAKESPEARE
(1564-1616)

WILLIAM SHAKESPEARE nasceu e morreu em Stratford, Inglaterra. Poeta e dramaturgo, é considerado um dos mais importantes autores de todos os tempos. Filho de um rico comerciante, desde cedo Shakespeare escrevia poemas. Mais tarde associou-se ao Globe Theatre, onde conheceu a plenitude da glória e do sucesso financeiro. Depois de alcançar o triunfo e a fama, retirou-se para uma luxuosa propriedade em sua cidade natal, onde morreu. Deixou um acervo impressionante, do qual destacam-se clássicos como *Romeu e Julieta, Hamlet, A megera domada, O rei Lear*, *Macbeth, Otelo, Sonho de uma noite de verão, A tempestade, Ricardo III, Júlio César, Muito barulho por nada* etc.

CB081889

Livros do autor na Coleção **L&PM** POCKET:

As alegres matronas de Windsor – Trad. de Millôr Fernandes
Antônio & Cleópatra – Trad. de Beatriz Viégas-Faria
Bem está o que bem acaba – Trad. de Beatriz Viégas-Faria
A comédia dos erros – Trad. de Beatriz Viégas-Faria
Como gostais seguido de *Conto de inverno* – Trad. de Beatriz Viégas-Faria
Hamlet – Trad. de Millôr Fernandes
Henrique V – Trad. de Beatriz Viégas-Faria
Júlio César – Trad. de Beatriz Viégas-Faria
Macbeth – Trad. de Beatriz Viégas-Faria
Medida por medida – Trad. de Beatriz Viégas-Faria
A megera domada – Trad. de Millôr Fernandes
O mercador de Veneza – Trad. de Beatriz Viégas-Faria
Muito barulho por nada – Trad. de Beatriz Viégas-Faria
Noite de Reis – Trad. de Beatriz Viégas-Faria
Otelo – Trad. de Beatriz Viégas-Faria
O rei Lear – Trad. de Millôr Fernandes
Ricardo III – Trad. de Beatriz Viégas-Faria
Romeu e Julieta – Trad. de Beatriz Viégas-Faria
Shakespeare de A a Z (Livro das citações) – Org. de Sergio Faraco
Sonho de uma noite de verão – Trad. de Beatriz Viégas-Faria
A tempestade – Trad. de Beatriz Viégas-Faria
Tito Andrônico – Trad. de Beatriz Viégas-Faria
Trabalhos de amor perdidos – Trad. de Beatriz Viégas-Faria

Leia também na Coleção **L&PM** POCKET

Shakespeare – Claude Mourthé (Série Biografias)

WILLIAM SHAKESPEARE

MEDIDA POR MEDIDA

Tradução de Beatriz Viégas-Faria

Apresentação de Ivo Barroso

www.lpm.com.br

L&PM POCKET

Coleção **L&PM** POCKET, vol. 1039

Texto de acordo com a nova ortografia.
Título original: *Measure for Measure*
Edição consultada para esta tradução: *The New Cambridge Shakespeare*. Cambridge: Cambridge University Press, 2006. Edited by Brian Gibbons (updated edition)

Primeira edição na Coleção **L&PM** POCKET: junho de 2012

Capa: Ivan Pinheiro Machado. *Ilustração*: *Vocação de São Mateus* (1599-1602), pintura de Michelangelo M. Caravaggio (1571-1610)
Tradução: Beatriz Viégas-Faria
Apresentação: Ivo Barroso
Preparação: Ana Laura Freitas
Revisão: Guilherme da Silva Braga

CIP-Brasil. Catalogação na Fonte
Sindicato Nacional dos Editores de Livros, RJ

S539m

Shakespeare, William, 1564-1616
Medida por medida / William Shakespeare; tradução de Beatriz Viégas--Faria. – Porto Alegre, RS: L&PM, 2012.
144p. : 18 cm (Coleção L&PM POCKET; v. 1039)

Tradução de: *Measure for Measure*
ISBN 978-85-254-2658-1

1. Teatro inglês (Literatura). I. Viégas-Faria, Beatriz. II. Título. III. Série.

12-2301. CDD: 822
CDU: 821.111-2

© da tradução, L&PM Editores, 2012
Para uso profissional do texto, consultar a tradutora: beatrizv@terra.com.br

Todos os direitos desta edição reservados a L&PM Editores.
Rua Comendador Coruja, 314, loja 9 – Floresta – 90220-180
Porto Alegre – RS – Brasil / Fone: 51.3225.5777 – Fax: 51.3221.5380

PEDIDOS & DEPTO. COMERCIAL: vendas@lpm.com.br
FALE CONOSCO: info@lpm.com.br
www.lpm.com.br

Impresso no Brasil
Inverno de 2012

WILLIAM SHAKESPEARE

(1564-1616)

William Shakespeare nasceu em Stratford-upon-Avon, Inglaterra, em 23 de abril de 1564, filho de John Shakespeare e Mary Arden. John Shakespeare era um rico comerciante, além de ter ocupado vários cargos da administração da cidade. Mary Arden era oriunda de uma próspera família. Pouco se sabe da infância e da juventude de Shakespeare, mas imagina-se que tenha frequentado a escola primária King Edward VI, onde teria aprendido latim e literatura. Em dezembro de 1582, Shakespeare casou-se com Ann Hathaway, filha de um fazendeiro das redondezas. Tiveram três filhos.

A partir de 1592, os dados biográficos são mais abundantes. Em março, estreou no Rose Theatre de Londres uma peça chamada *Harry the Sixth*, de muito sucesso, que foi provavelmente a primeira parte de *Henrique VI*. Em 1593, Shakespeare publicou seu poema *Vênus e Adônis* e, no ano seguinte, o poema *O estupro de Lucrécia*. Acredita-se que, nessa época, Shakespeare já era um dramaturgo (e um ator, já que os dramaturgos na sua maior parte também participavam da encenação de suas peças) de sucesso. Em 1594, após um período de poucas montagens em Londres, devido à peste, Shakespeare juntou-se à trupe de Lord Chamberlain. Os dois mais célebres dramaturgos do período, Christopher Marlowe (1564-1593) e Thomas Kyd (1558-1594), respectivamente autores de *Tamburlaine, o judeu de Malta* e *Tragédia espanhola*, morreram por esta época, e Shakespeare encontrava-se pela primeira vez sem rival.

Os teatros de madeira elisabetanos eram construções simples, a céu aberto, com um palco que se projetava à frente, em volta do qual se punha a plateia, de pé. Ao fundo, havia duas portas, pelas quais atores entravam e saíam. Acima, uma sacada, que era usada quando tornava-se necessário mostrar uma cena que se passasse em uma ambientação secundária. Não havia cenário, o que abria toda uma gama de versáteis possibilidades, já que, sem cortina, a peça começava quando entrava o primeiro ator e terminava à saída do último, e simples objetos e peças de vestuário desempenhavam importantes funções para localizar a história. As ações se passavam muito rápido. Devido à proximidade com o público, trejeitos e expressões dos atores (todos homens) podiam ser facilmente apreciados. As companhias teatrais eram formadas por dez a quinze membros e funcionavam como cooperativas: todos recebiam participações nos lucros. Escrevia-se, portanto, tendo em mente cada integrante da companhia.

Em 1594, Shakespeare já havia escrito as três partes de *Henrique VI*, *Ricardo III*, *Tito Andrônico, Dois cavalheiros de Verona*, *Trabalhos de amor perdidos, A comédia dos erros* e *A megera domada*. Em 1596, morreu o único filho homem de Shakespeare, Hamnet. Logo em seguida, ele escreveu a primeira das suas peças mais famosas, *Romeu e Julieta*, à qual seguiram-se *Sonho de uma noite de verão*, *Ricardo II* e *O mercador de Veneza. Henrique IV*, na qual aparece Falstaff, seu mais famoso personagem cômico, foi escrita entre 1597-1598. No Natal de 1598, a companhia construiu uma nova casa de espetáculos na margem sul do Tâmisa. Os custos foram divididos pelos diretores da companhia, entre os quais Shakespeare, que provavelmente já tinha alguma fortuna. Nascia o Globe Theatre.

Também é de 1598 o reconhecimento de Shakespeare como o mais importante dramaturgo de língua inglesa: suas peças, além de atraírem milhares de espectadores para os teatros de madeira, eram impressas e vendidas sob a forma de livro – às vezes até mesmo pirateados. Seguiram-se *Henrique V*, *Como gostais*, *Júlio César* – a primeira das suas tragédias da maturidade –, *Troilo e Créssida*, *As alegres matronas de Windsor*, *Hamlet* e *Noite de Reis*. Shakespeare escreveu a maior parte dos papéis principais de suas tragédias para Richard Burbage, sócio e ator, que primeiro se destacou com *Ricardo III*.

Em março de 1603, morreu a rainha Elisabeth. A companhia havia encenado diversas peças para ela, mas seu sucessor, o rei James, contratou-a em caráter permanente, e ela tornou-se conhecida como King's Men – Homens do Rei. Eles encenaram diversas vezes na corte e prosperaram financeiramente. Seguiram-se *Bem está o que bem acaba* e *Medida por medida* – suas comédias mais sombrias –, *Otelo*, *Macbeth*, *Rei Lear*, *Antônio e Cleópatra* e *Coriolano*. A partir de 1601, Shakespeare escreveu menos. Em 1608, a King's Men comprou uma segunda casa de espetáculos, um teatro privado em Blackfriars. Nesses teatros privados, as peças eram encenadas em ambientes fechados, o ingresso custava mais do que nas casas públicas de espetáculos, e o público, consequentemente, era mais seleto. Parece ter sido nessa época que Shakespeare aposentou-se dos palcos: seu nome não aparece nas listas de atores a partir de 1607. Voltou a viver em Stratford, onde era considerado um dos mais ilustres cidadãos. Escreveu então quatro tragicomédias, subgênero que começava a ganhar espaço: *Péricles*, *Cimbelino*, *Conto de inverno* e *A tempestade*, sendo que esta última foi encenada na corte em 1611. Shakespeare morreu em Stratford em 23 de abril de 1616. Foi enterrado na parte da igreja reservada ao clero. Escreveu ao todo 38 peças, 154 sonetos e uma variedade de outros poemas. Suas peças destacam-se pela grandeza poética da linguagem, pela profundidade filosófica e pela complexa caracterização dos personagens. É considerado unanimemente um dos mais importantes autores de todos os tempos.

SUMÁRIO

APRESENTAÇÃO

*por Ivo Barroso**

ESTA OBRA, cuja classificação já de início nos leva à categoria das chamadas "peças problemáticas" de Shakespeare, foi inicialmente escrita e editada como sendo uma comédia (como está no First Folio de 1623), mas com boas razões os críticos e comentaristas posteriores se inclinaram a arrolá-la entre as tragédias do Bardo.

A peça gira toda em torno dos conceitos de justiça e corrupção, equidade e abuso do poder, castidade e volúpia, ou seja, de sentimentos conflitantes que não raro ocorrem num mesmo personagem. A busca de uma justiça equânime leva a uma série de equívocos, sentenças e condenações capitais, embora amparados em lei, mas que, não obstante, poderiam ser circunstancialmente revogados ou que são desfeitos diante de ocorrências tão condenáveis quanto as que deram lugar às próprias condenações. Daí parecer estranho que um tema tão crucial como o da administração da justiça, assombreado ainda pelas cogitações da inexorabilidade da morte, tenha levado Shakespeare a introduzir na peça algumas cenas cômicas ou mesmo burlescas que destoam grandemente da seriedade do tema.

Embora o argumento não tenha as características do tom dramático de suas outras peças do gênero, parece visível que os trechos supostamente cômicos nela inseridos constam apenas para amenizar a ação central, em que argumentações de ordem jurídica e debates so-

* Poeta e tradutor de Shakespeare, Rimbaud, T.S. Eliot, Jane Austen e Italo Svevo, entre outros.

bre a consciência ética estão intimamente relacionados com os sentimentos de orgulho e de humildade. Assim como está concebida, tudo indicaria que Shakespeare tinha em mente dois públicos distintos: um altamente sofisticado, ocupando os lugares superiores do teatro, e composto de representantes da aristocracia para os quais suas elaborações no campo jurídico teriam amplo significado; o outro, a plateia "baixa", representada por aqueles que ocupavam a arena ao rés do chão, fronteira ao palco, em geral composto de palafreneiros e criados, que esperavam seus mestres e se divertiam com os momentos cômicos da peça, aliás vazados numa linguagem como que feita a propósito para satisfazê-los. Essa ambiguidade, essa duplicidade vai permear toda a peça, fazendo com que também os personagens se apresentem ora sob uma faceta ora sob outra que lhes pode ser até contraditória.

Shakespeare inspirou-se na "História de Epitia", que figura no *Hecatommithi*, de Cinthio, uma coletânea de narrativas respigadas de várias fontes, inclusive das *Mil e uma noites*. Este Cinthio (cujo nome aparece escrito também como Cintio e Cinzio) era o pseudônimo de Giovanni Battista Giraldi (1504-1573), professor de filosofia universitário, autor de nove peças de teatro, entre as quais a tragicomédia *Orbecche*, apresentada em Ferrara em 1541 e considerada por alguns críticos a primeira manifestação teatral de características modernas e assim modelo de todas as tragédias subsequentes. Suas histórias, vazadas num estilo que lembra vagamente Boccaccio e Matteo Bardello, tiveram uma tradução francesa em 1583, e presume-se que tenha sido esta a fonte em que se inspirou o Bardo para a composição de *Medida por medida*. Nessa obra do dramaturgo e contista italiano, também conhecida como

"Ecatomiti", Shakespeare encontraria igualmente as linhas mestras do argumento de *Otelo*, que escreverá por essa mesma época. Mas há discordância quanto àquela origem: outros críticos tendem a indicar como fonte inspiradora não esse núcleo original, mas um drama de George Whetstone, de 1578, *Promos and Cassandra*, que, por sua vez, estaria baseado na história de Cinthio, em que o autor só acrescentou os elementos cômicos e os quiproquós que envolvem alguns dos personagens – recurso este utilizado à larga no teatro da época com intenções de divertimento.

Outra discrepância interessante: a ação da peça transcorre em Viena, mas todos os personagens têm nomes italianos: Vicêncio, Isabella, Cláudio, Ângelo etc. Os estudiosos Gary Taylor e John Jowett, em seu livro *Shakespeare Reshaped*, de 1993, argumentam que parte do texto de *Medida por medida*, tal com o conhecemos hoje, não corresponde ao original shakespeariano, sendo produto de uma revisão póstuma executada por Thomas Middleton, que teria mudado o cenário original (Itália) para Viena, talvez por motivos de ordem política ou por considerar a capital austríaca na época mais adequada ao clima de concupiscência em que se desenrola a ação. Também seria devido a Middleton o encaixe das cenas humorísticas (e quase imorais), responsáveis pela falsa classificação da peça na categoria de comédia. Essas alterações foram processadas tanto no próprio tempo de Shakespeare, seguindo as conveniências das várias companhias que as encenaram, quanto em épocas posteriores, e em tal quantidade que, em 1699, o produtor teatral Charles Gildon, ao adaptá-la com o nome de *Beauty the Best Advocate* [A beleza é o melhor advogado], não só remove os personagens espúrios, como elimina ainda a sexualidade pseudoilícita, apresentando os pares Ângelo/Mariana e Cláudio/Julieta como sendo casados em segredo. Já cônscio de tantas alterações infligidas ao texto do Bardo, esse mesmo Gildon ousou ainda introduzir na peça um epílogo em que o fantasma de Shakespeare surge em cena e reclama das constantes revisões a que seu trabalho estava sendo submetido.

Quanto ao título, porém, nenhuma controvérsia: o próprio autor consigna sua fonte numa fala do personagem principal, o duque Vicêncio, quase ao fim do quinto ato: "*Haste still pays haste, and leisure answers leisure. / Like doth quit, and MEASURE still FOR MEASURE*" (A pressa sempre recompensa a pressa, e com morosidade é que se responde à morosidade. Uma coisa só fica quite com coisa igual, sempre medida por medida), expressão que corresponde aos versículos bíblicos "Não julgueis para que não sejais julgados, pois, conforme o juízo com que julgardes, sereis julgados; e a medida com que tiverdes medido vos hão de medir a vós." [Mateus, 7: 1-2], que, como se sabe, é uma versão cristã *light* do velho brocardo talmúdico do "Olho por olho, dente por dente".

O enredo da peça é algo desconcertante: a tentativa de promover a justiça perfeita acaba num happy ending a bem dizer injusto. Não se tem uma ideia precisa das intenções de Shakespeare: se está favorecendo a norma estabelecida ou apontando a sua inaplicabilidade. Vicêncio, por exemplo, o duque governante dessa suposta Viena, é sábio e justo, mas tem dúvidas quanto ao seu exercício da justiça, pois devia condenar os abusos sexuais, vetados por lei, que seus súditos vêm praticando há muito, mas sobre os quais tem feito vista grossa. Em sua tentativa de reparar o mal passado e estabelecer a observância irrestrita da lei no presente, confia o poder a Ângelo, o supremo magistrado, conhecido por sua intransigência em relação à imoralidade sexual. Ângelo é inflexível na atribuição e no cumprimento da lei, e descrito como "um homem que tem neve derretida nas veias, que não sente nem as ardências do desejo carnal nem os movimentos prementes dos cinco sentidos", mas ao se ver na posse do poder revela sua verdadeira personalidade freudiana, ao barganhar uma sentença de morte pela virgindade da irmã do réu. A tentativa de Isabella de salvar a vida do irmão, obtendo a clemência de Ângelo, enseja a Shakespeare um dos momentos altos da peça: é uma troca de argumentos pró e contra, num duelo de dialética em que se embatem as noções de dever e crueldade e de culpa e clemência.

Muitos comentaristas apreciam a maneira com que Shakespeare estaria mostrando aos fidalgos que iam assistir às suas peças o quanto ele era versado nas complexidades do discurso jurídico, o que, aliás, já fizera à saciedade em *Júlio César*, na fala em que Marco Antônio consegue subverter a opinião pública contra a ideia, propalada por Brutus e os outros assassinos, de que César era um político ambicioso. Outra mudança extremada de posição ocorre relativamente ao condenado à morte, que admite a princípio o seu erro e considera a sentença justa, diante da defesa da *ars moriend* – um dos altos momentos da peça – em que há a famosa sequência: "Argumente assim com a vida: se eu te perder, perco uma coisa que ninguém, a não ser os tolos, quer preservar". Pouco mais tarde, porém, diante da real perspectiva da execução da sentença, o personagem se insurge contra a ideia da morte e contra a sua própria inevitabilidade, em palavras que se tornaram antológicas na obra shakespeariana: "Sim, mas morrer e ir para nem se sabe onde (...) é pavoroso demais! A vida terrena mais cansativa e mais odiosa que a velhice, as dores, a penúria e a prisão possam causar ao natural é um paraíso em comparação com o medo que temos da morte". Durante todo o transcorrer da peça, Isabella, a irmã do condenado, parece ser o único personagem coerente, capaz de manter sua integridade mesmo diante de situações conflitantes e constrangedoras. O enigmático Shakespeare não nos deixa saber, no fim do drama, se ela aquiesce ou não à proposta do duque, o que, em caso positivo, poderia ser interpretado também como desvio de comportamento. O drama alcança tons de absoluta modernidade quando o juiz dito incorruptível se corrompe vencido pelo sexo e invoca a sua imunidade quando ameaçado de denúncia. Que importaria a denúncia contra alguém todo-poderoso, se ninguém iria acreditar na palavra do denunciante? Ele é o dono da lei, e se acredita acima dela, considerando-se portanto inatacável e impune. (Até parece que Shakespeare estava se inspirando em alguns exemplos surgidos ultimamente!).

Que mensagem Shakespeare estaria nos transmitindo com sua peça, se é que havia outra intenção além de criar um texto para ser representado e lhe proporcionar algum pecúlio? Onde estaria a justeza do título? Se alguns personagens são julgados com extrema severidade, até mesmo com pena de morte, por um desvio comportamental inteiramente passível de ser corrigido de maneira prática e espontânea pelo próprio delinquente, outros – como principalmente Ângelo – contra os quais há abundância de provas de sua iniquidade e prepotência, o juízo e as penas finais aparecem brandas e inócuas, dando a impressão de que a ausência do duque Vicêncio com o intuito de observar os desmandos de sua corte de nada teria servido para uma administração mais correta da justiça, já que, após seu julgamento coletivo, as coisas em Viena (?) voltam ao seu *statu quo ante*. Estaria Shakespeare zombando da justiça dos nobres e poderosos, expondo-lhes a fraqueza de julgamento diante de seu poder de condenação? Será que estaria retratando a sua época? Será que desde o seu tempo já era usual "blindar-se" o poderoso negligenciando as acusações dos humildes caseiros? A leitura desta peça – a menos que a encaremos como não mais que um mero divertimento, e portanto como uma comédia banal – deixa os leitores do Bardo curiosos por saber qual o sentido moralista que o título (bíblico) prefigurava.

MEDIDA POR MEDIDA

PERSONAGENS

Vicêncio, o Duque

Ângelo, seu substituto

Éscalo, um lorde ancião

Cláudio, um jovem cavalheiro da nobreza

Lúcio, um fantasista

Outros dois cavalheiros similares

Um **Preboste**

Um **Juiz**

Frei Thomas

Frei Peter

Cotovelos, um simples policial

Escuma, um cavalheiro tolo

Pompeu, taverneiro e alcoviteiro, trabalha para a Senhora Passada

Ascoso, um carrasco

Bernardino, um prisioneiro dissoluto

Várrio, um cavalheiro, amigo do Duque

Isabella, irmã de Cláudio

Mariana, noiva de Ângelo

Julieta, por quem Cláudio está apaixonado

Francisca, uma freira

Senhora Passada, uma cafetina

Lordes assessores do Duque

Oficiais

Criados

Cidadãos

Um rapaz

PRIMEIRO ATO

CENA I

Entram o Duque, Éscalo, Lordes.

Duque – Éscalo.

Éscalo – Milorde.

Duque – Eu mesmo lhe informar quais as propriedades inerentes ao governo pareceria em mim um gesto afetado de fala e de discurso, posto que sou obrigado a reconhecer que o seu conhecimento do assunto é superior às limitações de quaisquer conselhos que lhe possa oferecer a minha capacidade. Assim é que nada mais resta a fazer: agora é deixar que a sua aptidão natural se apoie na autoridade de seu cargo, e que uma com a outra possam se equilibrar. O senhor tem plena ciência da natureza do nosso povo, das leis e dos costumes instituídos de nossa cidade e também dos termos segundo os quais fazemos justiça, pois o senhor, mais que qualquer outra pessoa, nisso amealhou experiência teórica e prática. Eis aqui o nosso documento de procuração, e desses itens não desejamos que o senhor se desvie. – Chame até aqui, ou melhor, peça a Ângelo que venha à nossa presença.

[Sai um Lorde.]

Que personificação de nós o senhor pensa que ele vai apresentar? Como o senhor deve estar sabendo, foi com especiais cuidados de nossa alma que elegemos Ângelo para suprir nossa ausência, para tomar emprestado de nós o poder de aterrorizar, para vestir-se com a indumentária de nossos melhores sentimentos; e para colocar à disposição da regência dele todo o aparato do nosso próprio governo. O que o senhor pensa disso?

Éscalo – Se existe alguém em Viena que seja merecedor de levar nos ombros tão largas honras e benesses, esse alguém é Lorde Ângelo.

Entra Ângelo.

Duque – Veja, aí vem ele.

Ângelo – Sempre atendendo às ordens de Vossa Graça, chego para saber o que deseja.

Duque – Ângelo, tem uma espécie de indício na tua vida que, para um observador, revela, põe a nu tua história. Tua pessoa e tuas qualidades não te pertencem; não a ponto de poderes desperdiçar tua pessoa aperfeiçoando tuas virtudes ou desperdiçar tuas virtudes aperfeiçoando tua pessoa. Os céus nos usam assim como nós usamos as tochas: não as acendemos para que se iluminem a si mesmas. Se as nossas virtudes não emanassem de nós, seria o mesmo que se não as tivéssemos. O espírito não se deixa afetar por finas emoções senão em prol de finas causas. Do mesmo modo, a Natureza não empresta nem mesmo a menor partícula de talento se não for para, como uma deusa frugal, reivindicar para si mesma a glória devida aos credores: os agradecimentos e os juros. Mas por que estou espichando meu discurso para quem saberia falar melhor que eu sobre governar em meu lugar? Calma, Ângelo, me ouve: em nossa ausência, que sejas tu o nosso substituto em todos os aspectos. A morte e a misericórdia passam a viver na tua fala e no teu coração. O velho Éscalo, embora seja o primeiro a ser levado em consideração, é teu segundo. Recebes agora o teu mandato.

Ângelo – Mas, generoso milorde, deixemos que seja posto à prova o metal de que sou feito antes que nele se grave a estampa de figura tão nobre e tão grandiosa.

Duque – Nenhum subterfúgio será aceito. Chegamos ao seu nome por meio de uma escolha ponderada e amadurecida; portanto, receba agora as honras a que você tem direito. Nossa pressa em partir é de natureza de tal modo urgente que tem prioridade sobre todo o resto e deixa em segundo plano questões que nos demandam atenção. Escreveremos para você a fim de dar notícias tão logo o tempo e nossos afazeres o permitam, e ficarei atento ao que acontece aqui com você. Que tudo corra bem. Agora eu o deixo entregue ao auspicioso exercício de seu mandato.

Ângelo – Peço permissão, milorde, para acompanhá-lo um pedaço do caminho.

Duque – Minha pressa não me permite aceitar. E também você não precisa, em consideração a mim, ter qualquer dúvida ou hesitação. A sua liberdade de ação é igual à minha no que tange a aplicar ou abrandar a lei: faça o que lhe parecer bom à sua alma. Me dê a mão; estou saindo em segredo. Amo o meu povo, mas não gosto de me apresentar aos olhos do público. Embora sejam bons, não me agradam o aplauso estrepitoso e os veementes gritos de "Salve!", e penso que não têm muito discernimento os que se prestam a demonstrações dessa natureza. Mais uma vez: que tudo corra bem.

Ângelo – Que os céus concedam proteção a vossos propósitos.

Éscalo – Que o senhor viaje e retorne são e salvo e feliz.

Duque – Obrigado aos dois. Adeus.

[Sai.]

Éscalo – Gostaria que me desse permissão, sir, de falar consigo com toda a liberdade. É importante para mim examinar a fundo os deveres do meu cargo. Sei que tenho poderes, mas ainda não estou ciente de que natureza eles são e que força eles têm.

Ângelo – O mesmo acontece comigo. Vamos juntos nos retirar, para que possamos o mais rápido possível esclarecer essa questão a nosso contento.

Éscalo – Estou ao seu dispor.

[Saem.]

CENA II

Entram Lúcio e dois outros cavalheiros da nobreza.

Lúcio – Se o Duque, juntamente com os outros duques, não entrar em acordo com o Rei da Hungria... ora, então todos os duques conjuntamente atacarão o Rei.

Primeiro Cavalheiro – Que os céus nos garantam a paz, exceto ao Rei do Hungria.

Segundo Cavalheiro – Amém.

Lúcio – Vocês raciocinam como um pirata que se faz passar por santo e se lança ao mar com os Dez Mandamentos mas apaga um deles das Tábuas da Lei.

Segundo Cavalheiro – “Não roubarás”?

Lúcio – Sim, esse é o que ele apaga.

Primeiro Cavalheiro – Ora, esse é um mandamento que manda o capitão e todos os outros absterem-se de seu ofício; eles embarcam com o único intuito de roubar.

Não existe entre nós um único soldado que, ao dar graças antes de uma refeição, aprove a parte que roga pela paz.

Segundo Cavalheiro – Nunca ouvi um soldado dizer que desaprova.

Lúcio – Acredito em ti, pois acho que nunca estiveste em lugar onde se dão graças.

Segundo Cavalheiro – Ah, não? Pelo menos uma dúzia de vezes.

Primeiro Cavalheiro – Ou uma dúzia de versos? Nas tuas ladainhas?

Lúcio – Em qualquer ritmo e em qualquer língua.

Primeiro Cavalheiro – Acho que sim, e em qualquer religião.

Lúcio – É mesmo? E por que não? Receber uma graça é receber uma graça, apesar das controvérsias. Tu mesmo, por exemplo: és um bandalho, e cruel, apesar de todas as graças que recaem sobre ti.

Primeiro Cavalheiro – Somos feitos da mesma estopa.

Lúcio – Calma lá, porque estopa és tu. Eu estou mais para veludo.

Primeiro Cavalheiro – Veludo, é? Grande veludo que tu és! Não passas de um pano gasto, que de tão ruço agora brilha que nem veludo. Prefiro mil vezes ser estopa inglesa da boa que ser como tu, veludo "francês" que cobre ferida de sifilítico. E agora? Botei o dedo na ferida?

Lúcio – Acho que sim, até porque de feridas tu entendes. Com essa tua confissão, vou passar a beber por tua saúde de agora em diante. Por outro lado, enquanto eu viver, preciso me lembrar de nunca mais beber do mesmo copo depois de ti.

Primeiro Cavalheiro – Acho que injuriei a mim mesmo, não foi?

Segundo Cavalheiro – Foi, isso mesmo, estejas tu sifilítico ou não.

Entra a Senhora Passada, uma cafetina.

Lúcio – Olhem, olhem só, que vem chegando a Madame Lenitivo. Comprei doenças sob o teto dela, tantas que o total deve chegar a...

Segundo Cavalheiro – Deve chegar a quanto?

Lúcio – Adivinhem.

Segundo Cavalheiro – Três mil doenças por ano.

Primeiro Cavalheiro – E mais.

Lúcio – Mais uma moeda francesa, coroa careca de tão sifilítica.

Primeiro Cavalheiro – Tu estás sempre imaginando doenças em mim, mas estás redondamente equivocado: estou são de lombo.

Lúcio – Nada disso. Como se diz, não estás saudável, mas tão hígido quanto as coisas ocas. Teus ossos estão ocos. A impiedade banqueteou-se em tua pessoa.

Primeiro Cavalheiro – Mas, então, de que lado do quadril está pior a dor no ciático?

Senhora Passada – Ora, muito bem. Tem um moço logo ali que foi preso e carregado para a prisão e que vale cinco mil de vocês.

Segundo Cavalheiro – E quem é ele?, eu lhe pergunto.

Senhora Passada – Nossa mãe, sir, é Cláudio, o Signior Cláudio.

Primeiro Cavalheiro – Cláudio na prisão? Não pode ser.

Senhora Passada – Não pode, mas tanto pode que eu sei que foi, porque eu vi ele sendo preso, sendo carregado e, o que é pior, daqui a três dias vai ser decapitado!

Lúcio – Mas, depois de todas estas nossas piadas, eu não queria uma coisa dessas. Tu tens certeza?

Senhora Passada – Certeza absoluta. E é porque ele deixou prenha a Madame Julieta.

Lúcio – Creiam-me, isso é bem possível. Ele prometeu encontrar-se comigo aqui duas horas atrás e nunca deixou de cumprir suas promessas.

Segundo Cavalheiro – Além do quê, como vocês sabem, isso faz sentido e está de acordo com o que falamos há pouco sobre esse assunto.

Primeiro Cavalheiro – Mas acima de tudo está de acordo com o decreto.

Lúcio – Vamos embora. Vamos nos informar do que houve de fato.

[Saem Lúcio e os Cavalheiros.]

Senhora Passada – Assim é que, com a guerra de agora, com a praga que anda por aí, com a forca e com a miséria, eu tenho cada vez menos fregueses.

Entra Pompeu.

Mas então? Que notícias você me traz agora?

Pompeu – Pois não é que arrastaram um para a prisão?

Senhora Passada – Bom, e o que ele fez?

Pompeu – Fez um filho.

Senhora Passada – Mas e qual é o crime?

Pompeu – Fez o que fez como quem pega peixe com as mãos, apalpando aqui e ali em águas proibidas, na sombra da ribanceira, fazendo cócegas na truta.

Senhora Passada – Como é que é? Tem donzela aí que está esperando nenê dele?

Pompeu – Não, mas tem mulher aí que está esperando o peixinho dele. Você não ouviu falar do decreto, não é?

Senhora Passada – Que decreto, homem?

Pompeu – Todas as casas de tolerância das redondezas de Viena vão ser demolidas.

Senhora Passada – E o que vai ser das que funcionam no centro da cidade?

Pompeu – Essas vão ficar para semente. Elas também iam ser postas abaixo, não fosse por um cidadão de muita sabedoria, que fez uma oferta por elas.

Senhora Passada – Mas será que nos arredores de Viena vão pôr abaixo todas as nossas casas de encontro?

Pompeu – E é para não ficar pedra sobre pedra, madame.

Senhora Passada – Ora, temos aqui uma mudança e tanto no bem-estar coletivo. O que vai ser de mim?

Pompeu – Ora, vamos, não tenha medo. Os bons advogados nunca ficam sem clientes. Vai ter de mudar de endereço, sim, mas não precisa mudar de atividade. Eu vou continuar sendo o seu taverneiro. Coragem, vão se apiedar de você. Tem as vistas cansadas de tanto labutar na profissão, e ninguém vai fazer pouco de você.

Senhora Passada – O que nos resta fazer aqui, Taverneiro Tadeu? Vamos embora.

Pompeu – Aí vem o Signior Cláudio, levado pelo preboste para a cadeia. E lá está Madame Julieta.

[Saem.]

Entram o Preboste, Cláudio, Julieta, Oficiais, Lúcio e dois Cavalheiros.

Cláudio – Amigo, por que me expões assim ao mundo? Prefiro que me leves à prisão, onde devo ficar sob custódia.

Preboste – Não faço isto por maldade, mas por ordens expressas de Lorde Ângelo.

Cláudio – Assim pode esta semideusa, a Autoridade, nos fazer pagar a peso de ouro nossas ofensas ao que está escrito nas palavras divinas: misericórdia para alguns e, para outros, não. E, no entanto, ainda assim será justo.

Lúcio – Ora, mas o que é isso, Cláudio? Por que você está detido?

Cláudio – Por ter tomado liberdades demais, meu Lúcio; porque eu era livre. Assim como empanturrar-se faz nascer o jejum, cada licença para ser livre de que desfrutamos sem moderação transforma-se em uma restrição. Como ratazana voraz que engole com sofreguidão o que lhe é venenoso, nossa natureza persegue o mal que nos faz ter sede e, quando bebemos, nossa morte está selada.

Lúcio – Se eu soubesse falar com tanta sabedoria ao ser preso, mandava chamar alguns dos meus credores. Mas, por outro lado, para falar a verdade, eu ia preferir as loucuras da liberdade em vez da moralidade da prisão. Qual foi o teu crime, Cláudio?

Cláudio – Falar dele seria cometê-lo de novo.

Lúcio – Não diga! Assassinato?

Cláudio – Não.

Lúcio – Libertinagem?

Cláudio – Podes chamar assim.

Preboste – Vá embora, sir, o senhor precisa ir.

Cláudio – Uma palavrinha só, meu amigo. Lúcio, uma palavra contigo.

Lúcio – Até uma centena delas, se servirem para te ajudar. A libertinagem é tão vigiada assim?

Cláudio – Minha situação é a seguinte: foi com promessa de contrato de casamento que tomei posse da cama de Julieta. Você conhece a dama, e ela é de verdade minha mulher, a não ser pelo fato de que deixamos de fazer correrem os proclamas. E só não fizemos isso porque estávamos esperando aumentar o valor de um dote que guardavam para ela certas pessoas de quem achamos melhor esconder nosso amor até o momento em que já estivessem convencidas de que eu daria bom marido. Mas acontece que o ato clandestino de nossa mútua diversão agora está escrito em Julieta em letras garrafais.

Lúcio – Garrafais como numa gravidez?

Cláudio – Infelizmente, é isso mesmo. E o novo representante do Duque, seja porque lhe subiu à cabeça a novidade da posição que recém ocupa, seja porque a máquina do Estado é um cavalo e as rédeas estão na mão de quem governa, ele, agora na sela, para que a montaria saiba que ele sabe comandar, mal subiu, já lhe finca as esporas. Se a tirania está no próprio assento ou na eminência que toma assento, não sei dizer. Mas esse novo governante aplica em mim todas as penalidades arroladas que estavam (tal qual armadura enferrujada) suspensas na parede havia tanto tempo que dezenove voltas completas do zodíaco já se passaram sem que nenhuma delas fosse posta em prática. E agora, para fazer um nome, ele me enquadra no negligenciado e adormecido Ato Legal. Só mesmo para fazer um nome.

Lúcio – Garanto que é isso. E tua cabeça sobre teus ombros está tão por um fio que até uma mocinha dessas da ordenha, se apaixonada, pode num suspiro mais fundo fazer ela cair. Apele ao Duque; mande alguém atrás dele com o teu pedido.

Cláudio – Já fiz isso, mas ninguém sabe onde se encontra o Duque. Eu lhe peço por favor, Lúcio, me faça uma gentileza. Minha irmã hoje entra no claustro e começa o seu período como noviça no convento. Informe a ela do perigo da minha situação. Implore a ela, por mim, que faça amizade com o duro representante do Duque. Peça a ela que o assedie com argumentos de peso. Ponho minhas esperanças nisso, pois na juventude de minha irmã há um dialeto mudo e dócil que comove os homens; além disso, ela é perita no jogo do discurso e da razão e na arte de persuadir.

Lúcio – Rezo para que ela consiga, até para desencorajar que outros venham a sofrer acusações sérias desse tipo, mas também para que voltes a usufruir de tua vida, porque me deixaria triste vê-la perdida assim de um modo ridículo, como num jogo de gamão. Vou procurar tua irmã.

Cláudio – Eu te agradeço, Lúcio, meu bom amigo.

Lúcio – Daqui a duas horas.

Cláudio – Vamos, oficial, embora.

[Saem.]

CENA III

Entram o Duque e Frei Thomas.

Duque – Não. Santo padre, descarte essa ideia, não acredite que a frágil flecha do amor possa penetrar um coração fortalecido. A razão de eu desejar que o senhor me dê guarida sigilosa tem um propósito mais grave e mais enrugado que os objetivos e metas de uma juventude ardente.

Frei – E Sua Graça pode me dizer do que se trata?

Duque – Meu santo homem, ninguém mais que o senhor sabe como sempre amei a vida isolada e sempre dei pouco valor a fazer-me presente em assembleias onde prevalece a mocidade e os gastos extravagantes sustentam uma ostentação ridícula. Entreguei nas mãos de Lorde Ângelo, homem de uma disciplina férrea e de muita sobriedade, não só meu trono aqui em Viena como também meus poderes absolutos. E ele pensa que viajei para a Polônia. Esse boato espalhei aos ouvidos de todos, e nisso todos acreditam. Agora, piedoso irmão, o senhor me pergunta por que estou fazendo isso.

Frei – Pergunto, sim, milorde.

Duque – Temos estatutos muito estritos e leis rigorosíssimas (bridas e freios necessários a ervas daninhas e teimosas) que nestes quatorze anos nós deixamos cair em desuso, como um velho leão que não sai mais de seu esconderijo para caçar. Agora, como pais tolos, amarramos em vara os ameaçadores ramos do vidoeiro só para deixá-la à vista dos filhos (não para usar, mas para aterrorizar) e, com o tempo, ela passa a ser motivo mais de deboche que de medo, e assim são os nossos decretos: inertes como coisa imposta, são vistos como coisa morta, e a Licenciosidade pinta e borda bem debaixo do nariz da Justiça, e o nenê é quem bate na ama, e o decoro vai por água abaixo.

Frei – Estava nas mãos de Sua Graça afrouxar essa justiça amarrada quando lhe parecesse melhor, e fazer isso pareceria mais coibitivo vindo de sua pessoa que de Lorde Ângelo.

Duque – Coibitivo demais, este o meu receio. Já que era culpa minha ter dado ao povo demasiada liberdade de ação, teria sido tirania de minha parte ferir e machucá-los por aquilo que eu pedi que fizessem. Sim, porque pedimos que isso aconteça quando atos de maldade têm passe livre em vez de punição. Assim é que, realmente, meu bom padre, impus a Ângelo essa incumbência, e ele poderá, escondido na sombra do meu nome, atingir o alvo na mosca e, ao mesmo tempo, preservar de cair em desgraça nessa briga a minha pessoa. E, para observar como ele governa, no disfarce de um irmão de sua ordem, visitarei o príncipe e o povo. Portanto, eu lhe peço que me forneça um hábito e me ensine a postura e os modos que devo assumir para ser como um frei de verdade. Depois, com calma, vou lhe contar outros muitos motivos para esta minha conduta. Por ora, só este: Lorde Ângelo é corretíssimo, sabe se defender como ninguém de boatos maldosos, dificilmente confessaria que o sangue lhe corre no corpo ou que seu apetite o leva a desejar pães em vez de pedras.[1] Então, se o poder muda os propósitos de alguém, veremos quem são nossos fingidores.

[Saem.]

CENA IV

Entram Isabella e Francisca, uma freira

Isabella – E vocês, freiras, não têm outros privilégios?

Freira – E esses não são amplos o suficiente?

1. Mateus 4:3 e 7:9. (N.T.)

Isabella – Sim, é verdade. Não falo porque deseje mais, mas, pelo contrário, desejosa que sou de uma disciplina a mais estrita possível num convento, como este das devotas de Santa Clara.

Lúcio *(fora de cena)* – Olá? Que a paz reine nesta casa.

Isabella – Quem chama?

Freira – É voz de homem. Isabella, querida, use a chave e veja que assunto o traz até aqui. Você pode, eu não. Você ainda não fez os votos. Depois de fazer os votos, você estará proibida de falar com os homens, a não ser na presença da madre superiora; se você falar, estará proibida de mostrar o rosto; se mostrar o rosto, estará proibida de falar. Ele está chamando de novo. Por favor, atenda à porta.

[Afasta-se para um lado.]

Isabella – Paz e prosperidade. Quem é?

Entra Lúcio.

Lúcio – Salve, virgem (se for este o caso. Mas esse rubor no rosto revela que este é o caso). Poderia por favor me ajudar e me levar à presença de Isabella, uma noviça desta casa, a linda irmã de seu infeliz irmão Cláudio?

Isabella – Por que "infeliz irmão"? Pergunto principalmente porque devo lhe dizer que sou Isabella, irmã de Cláudio.

Lúcio – Gentil e bela senhorita, o seu irmão lhe manda lembranças. Para não entediá-la com detalhes, adianto que ele está na prisão.

Isabella – Ai de mim! Por que motivo?

Lúcio – Por um motivo pelo qual, fosse eu o juiz, ele deveria receber seu castigo na forma de agradecimentos: engravidou a amiga.

Isabella – Sir, não me invente histórias.

Lúcio – É verdade. Eu não faria isso; embora seja normal em mim falar com as donzelas como se fosse pássaro que voa longe do ninho, eu não brincaria com todas as virgens em cima de palavras que estão longe do coração. Eu a tenho como celestial e sagrada; dada a sua renúncia, um espírito imortal com quem se deve falar com sinceridade, como falamos com os santos.

Isabella – Ao zombar de mim, o senhor está dizendo blasfêmias.

Lúcio – Não acredite, não. Resumindo, a verdade é esta: seu irmão e a amante dele caíram nos braços um do outro. Como fazem os que quando comem ficam de barriga cheia. Como o tempo de dar brotos: quando, depois da semeada, a terra nua apresenta colheita abundante e seu ventre fértil exibe o quanto o semeador lavrou fundo e cultivou com zelo.

Isabella – Alguém está grávida dele? Minha prima Julieta?

Lúcio – Ela é sua prima?

Isabella – De adoção: na escola, duas meninas às vezes trocam seus nomes como prova de afeição.

Lúcio – É ela mesmo.

Isabella – Ora, ele que se case com ela.

Lúcio – É esta a questão. O Duque, muito estranhamente, não está em Viena. Muitos cavalheiros da nobreza, eu mesmo um deles, o Duque deixou na mão e passou para trás: tínhamos esperança de ação em batalhas. Mas ficamos sabendo, por aqueles que conhecem bem os interstícios do Estado, que existe uma distância infinita entre as palavras públicas do Duque e seu verdadeiro plano. Em seu lugar, e com os plenos poderes de sua autoridade, governa Lorde Ângelo, um homem que tem neve derretida nas veias; um sujeito que não sente nem as ardências do desejo carnal nem os movimentos prementes dos cinco sentidos, mas que subjuga e neutraliza seus ardores naturais com vantagens da mente: estudo e jejum. A fim de instilar medo nos costumes licenciosos, que faz tempo correm lado a lado com as odiosas leis (como camundongos com leões), ele escolheu um Ato Legal que em sua interpretação mais severa penaliza o seu irmão com a perda da própria vida. Apoiado neste Ato, ele manda prender o seu irmão e fiscaliza de perto a aplicação rigorosa do estatuto, e faz disso um exemplo para todos. Não há esperança, a menos que a senhorita, com suas belas orações, tenha a boa vontade de amaciar Lorde Ângelo, e esta é a essência do assunto que me traz até aqui, um assunto entre a senhorita e o coitado do seu irmão.

Isabella – Tanto assim ele quer a vida do meu irmão?

Lúcio – Já foi julgado e condenado e, segundo ouvi dizer, o preboste está com a ordem de execução.

Isabella – Ai de mim! Que capacidade tenho eu para ajudar?

Lúcio – Ponha à prova os poderes que a senhorita tem.

Isabella – Meus poderes? Duvido muito.

Lúcio – Nossas dúvidas são traiçoeiras e nos fazem perder o tanto de bem que muitas vezes poderíamos obter só porque receamos tentar. Vá até Lorde Ângelo e ensine a ele, de modo que ele aprenda, o seguinte: quando uma donzela pede, os homens dão prodigamente; mas, quando ela chora e se ajoelha, tudo que ela solicita é incondicionalmente seu, como se eles mesmos quisessem obtê-lo.

Isabella – Vou ver o que posso fazer.

Lúcio – Mas depressa.

Isabella – Vou tratar disso já. Só vou me demorar o suficiente para informar à Madre Superiora deste meu assunto. Eu humildemente lhe agradeço. Dê lembranças minhas ao meu irmão. Logo mais à noite envio recado a ele sobre o que tiver acontecido.

Lúcio – Eu me despeço então da senhorita.

Isabella – Bondoso senhor, adeus.

[Saem.]

SEGUNDO ATO

CENA I

Entram Ângelo, Éscalo, Serviçais e um Juiz.

ÂNGELO – Não podemos fazer da lei um espantalho que se prepara para assustar as aves de rapina e, sempre com a mesma forma, acaba por se tornar o poleiro e não o terror das aves que com ele se acostumaram.

ÉSCALO – Sim, e no entanto sejamos afiados, de modo a podar um pouco em vez de derrubar e matar por esmagamento. Ai de mim, esse nobre cavalheiro, a quem eu preferia salvar, tinha um pai dos mais nobres. Permita-se lembrar ao senhor, que acredito ser do mais absoluto rigor em suas virtudes, o seguinte: se na percepção de seus próprios desejos já não houve coincidência de momento com local ou de local com expectativa, e então se deu o instante em que a resoluta atividade de seu sangue pudesse ter alcançado o seu propósito, se o senhor alguma vez em sua vida já não errou nesse ponto que agora nele o senhor condena, e teve a lei contra si.

ÂNGELO – Uma coisa é ser tentado, Éscalo, e outra é cair na tentação. Não nego que entre os doze jurados responsáveis pelo veredito sobre a vida do prisioneiro pode haver um ou dois ladrões mais culpados que o réu em julgamento. A justiça só se apropria daquilo que se faz explícito para a justiça. O que se sabe das leis que ladrão aplica em ladrão? É bastante óbvio: uma joia que encontramos, nós nos abaixamos e a pegamos; isso porque a vimos. Mas passamos por cima daquilo que não vemos e sequer pensamos sobre tudo em que pisamos. O senhor não pode querer mitigar o delito dele só porque eu tenha eventualmente passado por tais faltas; em vez disso, lembre-se: quando eu, que condenei Cláudio, cometer delito igual, deixe que o meu próprio julgamento de agora sirva de modelo e me condene à morte, e que nenhum argumento a meu favor seja admitido. Sir, ele precisa morrer.

Entra o Preboste.

Escalo – Que seja como manda a sua sabedoria.

Ângelo – Onde está o preboste?

Preboste – Aqui me apresento eu, se o senhor me der licença.

Ângelo – Veja que Cláudio seja executado às nove horas amanhã de manhã. Leve até ele o seu confessor; deixe que se prepare, pois a peregrinação dele chegou ao seu máximo.

[Sai o Preboste.]

Escalo – Bem, que os céus perdoem a ele, e a nós todos. Alguns sobem pelo pecado, outros caem pela virtude; alguns escapam ao quebrar as regras e nunca são pegos, outros são condenados por uma única falta.

Entram Cotovelos e Oficiais com Escuma e Pompeu.

Cotovelos – Vamos lá, me tragam esses daí. Se eles são bons cidadãos de nosso Estado, que não fazem mais que ser corruptos nos puteiros, então desconheço a lei. Tragam esses daí.

Ângelo – E então, sir? Qual o seu nome e qual o problema?

Cotovelos – Se Sua Senhoria me dá licença, sou um coitado condestável do Duque, e me chamo Cotovelos. Eu me escoro na justiça, sir, e aqui trago, perante e diante de Vossa Senhoria, dois notórios benfeitores.

Ângelo – Benfeitores? Bom, quem são esses benfeitores? Será que não são malfeitores?

Cotovelos – Se Sua Senhoria me dá licença, não sei muito bem o que eles são, mas são precisos canalhas, disso tenho *bissoluta* certeza, vazios que só de toda profanação do mundo que devia ter um bom cristão.

Éscalo – Isso está muito bem discursado. Eis que temos aqui um oficial de grande sabedoria.

Ângelo – Adiante, vamos lá. Que tipo de homens são eles? O seu nome é Cotovelos? Por que você não diz nada, Cotovelos?

Pompeu – Ele ficou mudo, sir, pois aqui, perante e diante de Vossa Senhoria, não pode falar pelos cotovelos.

Ângelo – E quem é o senhor?

Cotovelos – Ele, sir? Um taberneiro, sir, alcoviteiro metade do tempo, empregado de uma mulher que coisa boa não é, sir, e que a casa dela, segundo o que dizem, sir, foi demolida nos arrabaldes, e agora ela se devota pr'uma casa de banhos, mas que eu desconfio que também é uma casa de má fama.

Éscalo – Como é que você sabe disso tudo?

Cotovelos – Minha mulher, sir, que eu detesto com todas as ganas, perante Deus e diante de Vossa Senhoria...

Éscalo – Como é que é? A tua mulher?

Cotovelos – Isso mesmo, sir. Que eu agradeço aos céus que é mulher honesta...

Éscalo – E é por isso que você a detesta?

Cotovelos – O que estou dizendo, sir, é que eu me detesto eu mesmo, e ela também, se é que essa casa não é casa de puta, porque ia ser uma coisa pra lá de triste na vida dela, porque é, sim, casa de safadezas.

Éscalo – E como é que tu, condestável, sabes disso?

Cotovelos – Mas, deveras, sir, pela minha mulher, porque, se ela fosse uma mulher dadivosa, podia ter sido acusada de fornicação, adultério e todo tipo de imundície lá mesmo.

Éscalo – Acusada pela mulher da casa de banhos?

Cotovelos – Isso mesmo, sir, pela Senhora Passada. Mas, já que ela cuspiu na cara dele, então ele desafiou ela.

Pompeu – Se o senhor me dá licença, sir, não foi assim que aconteceu.

Cotovelos – Então tu prova isso aqui diante desses cafajestes, honorável senhor. Prova!

Éscalo – O senhor ouviu como ele troca a ordem das palavras?

Pompeu – Sir, ela ficou buchuda de tão prenha; e daí, com desejo (me desculpe a honra de Vossa Reverência), desejo de ameixa-preta fervida. Sir, a gente só tinha duas ameixas secas em casa, que naquela época estavam grudadinhas, por assim dizer, melequentas e lambuzadas, dentro duma tigela, uma tigela dessas de três centavos. Vossas Senhorias já viram essas tigelas, não é nenhuma porcelana, mas são boas tigelas...

Éscalo – Adiante, vamos, continue; não se atenha à tigela, sir.

Pompeu – Não, deveras, sir, não se a tenha nada na tigela, nem um pau pequeno; o senhor aí nesse ponto tem toda razão. Mas vamos ao que interessa, ali no bojo da coisa: como eu ia dizendo, a Senhora Cotovelos estando, como eu ia dizendo, grávida, e bem buchuda, e com desejo, como eu dizia, de comer ameixa-preta fervida, e só tinha duas na tigela, como eu disse, o Mestre Escuma, este homem aqui, porque ele tinha comido o resto das ameixas, como eu disse e como eu digo, que ele tinha pagado muito honestamente, pois, como você sabe, Mestre Escuma, eu não podia lhe dar três centavos de novo...

Escuma – Não, claro que não.

Pompeu – Pois muito bem. Você estando naquele dia, se bem está lembrado, descaroçando as ditas ameixas...

Escuma – Sim, eu escarafunchei a dita.

Pompeu – Ora, pois muito bem. E eu te dizendo então, se você está bem lembrado, que uma pessoa de um nome e outra pessoa de outro nome não tinham mais como se curar daquilo que você sabe o que é, a menos que fizessem uma dieta muito da boa, como eu te disse...

Escuma – Isso é tudo verdade.

Pompeu – Ora, pois muito bem então...

Éscalo – Escute aqui: você é um sujeito tolo e entediante; então, direto ao ponto. O que foi que vocês fizeram com a esposa do Cotovelos, que ele agora vem se queixar dela? Vamos ao que fizeram com ela.

Pompeu – Sir, Vossa Senhoria não pode ir lá agora.

Éscalo – Não, senhor, nem era essa a minha intenção.

Pompeu – Mas o senhor pode, sir, se me dá licença Vossa Senhoria, um dia chegar lá. Eu lhe peço, olhe para o

Mestre Escuma aqui: um homem de oitenta libras por ano. E o pai dele morreu no Dia de Todos os Santos. Não foi no Dia de Todos os Santos, Mestre Escuma?

Escuma – Um dia antes.

Pompeu – Ora, pois muito bem. Tudo que eu quero são as verdades. Ele, sir, sentado, como eu disse, numa cadeira mais baixa, sir... foi ali nas Videiras, onde na verdade você adora ir se sentar, não foi?

Escuma – Foi, porque é um lugar aberto a todos, e bom no inverno por causa do fogo aceso.

Pompeu – Ora, pois muito bem então. Tudo que eu quero são as verdades.

Ângelo – Isso vai demorar como uma noite na Rússia, que tem as noites mais compridas que há quando é inverno. Vou me retirar, e deixo com o senhor esta audiência, na esperança de que encontre boas razões para chicoteá-los todos.

[Sai.]

Éscalo – É o que espero também. Que o senhor tenha um bom dia, milorde. Agora, sir, vamos lá, por favor... Outra vez: o que fizeram com a esposa de Cotovelos?

Pompeu – Outra vez, sir? Não se fez nada com ela outra vez.

Cotovelos – Eu imploro, sir, pergunte a ele o que este homem fez com a minha mulher.

Pompeu – Eu imploro a Vossa Senhoria: perguntai-me.

Éscalo – Muito bem, sir: o que esse cavalheiro fez com ela?

Pompeu – Eu lhe imploro, sir, olhe bem para o rosto deste cavalheiro. Meu bom Mestre Escuma, olhe para

Sua Senhoria, a autoridade. É por um bom propósito. Vossa Senhoria está vendo o rosto dele?

Éscalo – Sim, senhor, nitidamente.

Pompeu – Não, eu lhe imploro, sir, olhe bem para o rosto dele.

Éscalo – Sim, estou olhando.

Pompeu – Sua Senhoria enxerga nesse rosto algum dano?

Éscalo – Ora... não.

Pompeu – Vou supositar sobre a Bíblia minha palavra de honra: o rosto é o que ele tem de pior. Então, vejamos: se o rosto é o que ele tem de pior, como é que podia o Mestre Escuma fazer algum dano à mulher do condestável? Eu queria ouvir essa resposta de Vossa Senhoria.

Éscalo – Ele tem razão, condestável. O que você diz sobre isso?

Cotovelos – Primeiramente, se me der licença, a casa é uma casa de respeito. Segundamente, esse é um sujeito de respeito e a patroa dele é uma mulher de respeito.

Pompeu – Por esta mão, sir, a mulher dele é pessoa mais confiável que qualquer um de nós.

Cotovelos – Cafajeste, que mentira deslavada! Tu tá mentindo, calhorda! Ainda está por acontecer o dia que ela vai dar confiança pra qualquer um de vocês.

Pompeu – Sir, ela foi confiável com ele antes de se casar com ela.

Éscalo – Quem tem mais esperteza aqui neste caso, a Justiça ou a Iniquidade? Isso é verdade?

Cotovelos – Ah, tremendo canalha! Ah, seu patife! Pompílio desalmado! Eu fui confiável com ela antes de me casar com ela? Se alguma vez eu fui confiável com ela, ou ela comigo, então que Sua Reverendíssima não me considere um oficial do pobre Duque! Prova uma coisa dessas, Pompílio desalmado, prova, senão eu mesmo vou acionar com um bombardeio pra cima de ti.

Éscalo – Se ele lhe der um murro no ouvido, você também pode acionar com um processo por difamação.

Cotovelos – Deveras! Agradeço Sua Reverendíssima pela ideia. O que me sugere que eu possa fazer com esse canalha desalmado?

Éscalo – Na verdade, oficial, uma vez que ele já cometeu delitos que tu gostarias de descobrir e revelar, se pudesses, deixa que ele permaneça com pertinácia em seus procedimentos até que tu saibas que delitos são esses.

Cotovelos – Deveras! Agradeço Sua Senhoria pela ideia. Estás vendo, seu cafajeste porcaria, desalmado, o que se armou contra ti? Agora fica na compertinácia dos procedimentos, seu cafajeste, na compertinácia.

Éscalo – Onde você nasceu, amigo?

Escuma – Aqui em Viena, sir.

Éscalo – E sua renda é de oitenta libras por ano?

Escuma – Sim, se for do seu agrado, sir.

Éscalo – Certo. *[Dirigindo-se a Pompeu:]* Qual o seu ofício, sir?

Pompeu – Taverneiro, o taverneiro de uma pobre viúva.

Éscalo – O nome de sua patroa?

Pompeu – Senhora Passada.

Éscalo – E teve mais de um marido?

Pompeu – Nove, sir. Ficou Passada por causa do último.

Éscalo – Nove? Venha cá, Mestre Escuma. Mestre Escuma, não me agrada vê-lo na companhia de taverneiros; eles sabem como encher o seu copo esvaziando o seu bolso; porque sabem como dar corda às dívidas dos conhecidos, você vai ficar com ganas de botar-lhes a corda no pescoço. Pode ir: vá embora, e que eu não fique sabendo de outra das suas.

Escuma – Agradeço Sua Senhoria. De minha própria parte, eu nunca entro em taverna nenhuma; são elas que me põem pra dentro, e minhas moedas pra fora do meu bolso.

Éscalo – Bem, de agora em diante, pare com isso, Mestre Escuma. Adeus.

[Sai Escuma.]

Venha cá, Mestre Taverneiro. Qual é o seu nome, Mestre Taverneiro?

Pompeu – Pompeu.

Éscalo – Do quê?

Pompeu – Bundães, sir.

Éscalo – Puxa vida, e o seu traseiro é o que há de mais grandioso em você, de modo que, no sentido mais bestial, você é Pompeu, o Grande. Pompeu, você em parte é um alcoviteiro, Pompeu, por mais que você queira colorir a sua função dizendo que é taverneiro, não é isso? Vamos, fale a verdade, que vai ser melhor para você.

Pompeu – Realmente, sir, sou um pobre sujeito que ganha a vida.

Éscalo – Como é que você ganha a vida, Pompeu? Agindo como alcoviteiro? O que você me diz desse ofício, Pompeu? É uma atividade legal?

Pompeu – Se a lei permitisse, sir.

Éscalo – Mas a lei não permite, Pompeu, e não vai permitir nunca, não em Viena.

Pompeu – Sua Senhoria pretende capar e castrar toda a juventude da cidade?

Éscalo – Não, Pompeu.

Pompeu – Mas então, sir, realmente, na minha pobre opinião, eles vão para lá. Mas não tem por que temer os alcoviteiros se Sua Senhoria cuidar das putas e dos cafajestes.

Éscalo – Temos novas instruções para cuidar deles, e posso lhe dizer que são refinadas: é decapitar ou enforcar.

Pompeu – Se o senhor decapitar e enforcar tudo quanto é gente que pode ser acusado disso, depois de dez anos o senhor pode se dar por feliz quando tiver que inventar uma lei encomendando mais cabeças e pescoços. Se essas novas ordens pegam em Viena por dez anos, eu vou me alugar a casa mais lindona da cidade a preço de banana. Se o senhor viver para ver isso virar realidade, o senhor pode dizer que Pompeu bem que avisou.

Éscalo – Muito obrigado, meu bom Pompeu; e, para retribuir profecia com profecia, tome nota: estou lhe avisando para não me deixar encontrá-lo de novo em audiência comigo, seja lá qual for a sua reivindicação, nem mesmo para se queixar de morar onde mora. Se isso acontecer, vou derrotá-lo no campo de batalha, Pompeu, e saberei ser um Júlio César cruel. Em outras palavras, Pompeu, mais simples, mando chicotear você. Então, por ora, Pompeu, passar bem.

Pompeu – Agradeço Sua Senhoria por seus bons conselhos; *[à parte]* mas vou seguir a vida como melhor mandarem a carne fraca e a fortuna.

Me chicotear? Chicote no lombo
leva o pangaré do carroceiro.
Não se intimida com um chicote
coração audaz de alcoviteiro.

[Sai.]

Éscalo – Venha cá, Mestre Cotovelos, aqui na minha frente, Mestre Condestável. Faz quanto tempo que você ocupa essa posição de condestável?

Cotovelos – Sete anos e meio, sir.

Éscalo – Pensei, pela eficiência no ofício, que você já estivesse nisso há mais tempo. Você disse sete anos ao todo?

Cotovelos – E meio, sir.

Éscalo – Minha nossa! É tremendamente árduo o seu trabalho. Fazem mal os que o colocam tantas vezes seguidas nestes encargos. Não há homens suficientes no seu distrito para trabalhar na função de condestável?

Cotovelos – Por minha fé, sir, muita pouca gente tem cabeça pra esses assuntos. Conforme eles são escolhidos, é com alívio que eles me escolhem pra funcionar no lugar deles; eu aceito em troca de uns dinheirinhos e consigo me desincumbir de todas as tarefas.

Éscalo – Veja que você me traga os nomes de uns seis ou sete, os mais capazes da sua vizinhança.

Cotovelos – Até a casa de Sua Senhoria?

Éscalo – Sim, traga os nomes até minha casa. Passar bem.

[Sai Cotovelos.]

Que horas são, você tem ideia?

Juiz – Onze, sir.

Éscalo – Por favor, venha comigo até minha casa para o almoço.

Juiz – Agradeço e humildemente aceito fazer-lhe companhia.

Éscalo – Me entristece a morte de Cláudio, mas não tem remédio.

Juiz – Lorde Ângelo é severo em suas decisões.

Éscalo – É uma morte que se fez necessária.
Ter misericórdia nem sempre é a melhor solução;
Uma segunda desgraça encontra raízes no perdão.
Ainda assim, pobre Cláudio, não tem remédio.
Vamos, sir.

[Saem.]

CENA II

Entram o Preboste e um Criado.

Criado – Ele está em audiência, e logo em seguida estará aqui. Vou avisá-lo de que o senhor chegou.

Preboste – Por favor.

[Sai o Criado.]

Vou me inteirar de seus objetivos. Talvez reconsidere. Ai de mim! Ele cometeu um delito, mas apenas como um sonho que se realiza. Gente de todas as classes, de todas as idades, compartilha desse vício, e ele deve morrer por isso?

Entra Ângelo.

Ângelo – Mas então, preboste, qual é o assunto?

Preboste – É de sua vontade, sir, que Cláudio morra amanhã?

Ângelo – Eu já não te disse que sim? Não tens contigo a ordem expressa? Por que perguntas de novo?

Preboste – Para não correr o risco de ser por demais severo. Por favor, me corrija se estou errado, mas já vi quando, depois da execução, a justiça se arrepende do destino que deu ao condenado.

Ângelo – Basta. A decisão e a responsabilidade são minhas. Você cumpra com suas obrigações, ou renuncie ao seu cargo e assim será poupado.

Preboste – Peço encarecidamente que o senhor me perdoe, milorde. Como devemos proceder, sir, com a lamuriosa Julieta? Já está bem próxima da hora do parto.

Ângelo – Que ela seja levada para local mais condizente, e rápido.

Entra um Criado.

Criado – Está aí a irmã do homem condenado à morte, e deseja vê-lo, sir.

Ângelo – Ele tem irmã?

Preboste – Sim, milorde, uma donzela cheia de virtudes, prestes a ser ordenada freira, se é que já não foi.

Ângelo – Pois bem. Faça-a entrar.

[Sai o Criado.]

Encarregue-se de ver que a fornicadora seja removida daqui. Que ela tenha recursos; apenas o necessário, nada luxuoso. Vou emitir uma ordem para que isso se cumpra.

Entram Lúcio e Isabella.

Preboste – Fique em paz, milorde. *[Saindo.]*

Ângelo – Fique mais um pouquinho. *[Dirigindo-se a Isabella:]* Seja bem-vinda. O que deseja?

Isabella – Sou pesarosa peticionária diante de Sua Senhoria. Peço por favor que Sua Senhoria me ouça.

Ângelo – Muito bem. Qual o seu pedido?

Isabella – Existe um vício que abomino acima de todos os outros, e desejo mais que tudo que seja combatido pela mão da justiça, um vício pelo qual eu não gostaria de interceder, mas agora me vejo obrigada a tanto, um vício pelo qual não deveria interceder, mas aqui estou eu, em guerra entre querer e não querer.

Ângelo – Bem, qual o assunto?

Isabella – Tenho um irmão condenado à morte. Eu lhe imploro: mande para a morte o crime cometido, mas não o meu irmão.

Preboste *[à parte]* – Que os céus te concedam a graça de persuadir!

Ângelo – Condenar o crime e não o seu agente? Ora, todas as faltas são condenadas antes mesmo de cometidas. Minha função seria meramente caricatural se eu fosse penalizar os crimes cujas penas estão previstas na lei e deixasse o agente do crime se safar.

Isabella – A lei é justa, mas severa. Assim sendo, não tenho mais irmão. Que os céus o guardem, sir. *[Saindo.]*

Lúcio *[dirigindo-se a Isabella]* – Não desista assim tão fácil. Volte a ele, suplique, ajoelhe-se, pendure-se na túnica dele. Você é muito fria. Se estivesse precisando de um alfinete, você não pediria por ele com palavras mais domesticadas que essas. Volte a ele, estou dizendo.

Isabella – Ele precisa mesmo morrer?

Ângelo – Senhorita, não tem modo de remediar.

Isabella – Tem: penso que o senhor poderia conceder-lhe o perdão. Nem os céus nem os homens se entristeceriam diante da misericórdia.

Ângelo – Não farei tal coisa.

Isabella – Mas poderia fazê-lo se fosse essa a sua vontade?

Ângelo – Entenda que o que eu não posso fazer coincide com o que eu não quero fazer.

Isabella – Mas o senhor poderia fazer tal coisa (e não estaria fazendo mal algum ao mundo) se o seu coração fosse tocado por piedade? A mesma piedade que sente o meu coração por ele?

Ângelo – Ele já recebeu a sentença, é tarde demais.

Lúcio *[dirigindo-se a Isabella]* – Você é muito fria.

Isabella – Tarde demais? Ora, claro que não. Eu, a cada palavra que digo, posso me desdizer. Creia-me: nenhum símbolo de grandeza e poder, nem a coroa do rei, nem a espada da lei, nem o bastão do marechal, nem a toga do juiz, combina com um homem tanto quanto a misericórdia. Se ele fosse o senhor e o senhor fosse ele, o senhor teria cometido um deslize como ele, mas ele, em seu lugar, não teria sido tão duro.

Ângelo – Por favor, retire-se.

Isabella – Quisera eu os céus tivessem me dado o seu poder e o senhor fosse Isabel. As coisas seriam assim como são? Não creio. Eu gostaria de lhe dizer o que é ser um juiz e o que é ser um prisioneiro.

Lúcio *[à parte]* – Isso, agora encoste a mão nele. Esse é o caminho.

ÂNGELO – O seu irmão já foi condenado pela lei, e você está simplesmente desperdiçando suas palavras.

ISABELLA – Ai de mim, ai de mim! Mas todas as almas que havia já foram uma vez condenadas, e aquele que teve a chance de punir a humanidade encontrou um modo de remediar. Como o senhor gostaria de ser se ele, que está no topo de todos os julgamentos, estivesse pronto a julgá-lo agora, assim como o senhor é? Ah, pense sobre isso, e a misericórdia vai respirar em seus lábios, sir: a respiração de um novo homem.

ÂNGELO – Encontre consolo, linda donzela, no fato de ter sido a lei, e não eu, a condenar o seu irmão. Fosse ele meu parente, meu irmão ou mesmo meu filho, e seria a mesma coisa: ele deve morrer amanhã.

ISABELLA – Amanhã? Ah, é cedo demais! O senhor precisa poupá-lo, precisa poupá-lo! Ele não está preparado para a morte. Até mesmo para as nossas panelas, nós só matamos as aves em sua devida hora; será que devemos servir aos céus com menos respeito do que dedicamos a nós, seres grosseiros? Meu bom, bondoso milorde, reconsidere. Quem é que já morreu por esse crime? E muitos, muitos já o cometeram.

LÚCIO *[à parte]* – Isso mesmo, bem argumentado.

ÂNGELO – A lei não estava morta, embora estivesse adormecida. Esses muitos não teriam ousado perpetrar esse mal se o primeiro que infringiu o decreto tivesse respondido por seus atos. Agora a lei está bem acordada, atenta para o que se passa e, tal qual um profeta, examina numa bola de cristal quais futuros males (já concebidos ou, por negligência, recém-ideados e, portanto, a caminho de serem incubados e virem à luz), repito, quais futuros males devem ter sua evolução suspensa, porque aqui e agora eles vivem para terminar.

Isabella – Apesar disso, mostre alguma piedade.

Ângelo – Mostro piedade quando aplico a justiça, pois é quando sou piedoso para com aqueles que não conheço (e liberá-los de responder por um delito seria no fim deixá-los esfolados), e com esse desconhecido sou justo: respondendo ele por um crime, não vive para cometer outro. Dê-se por satisfeita. O seu irmão morre amanhã. Agora é se conformar.

Isabella –Então o senhor deve ser o primeiro a aplicar essa sentença, e ele, a primeira vítima dela. Ah, é excelente ter a força de um gigante, mas é tirania empregá-la como um gigante.

Lúcio *[à parte]* – Isso está bem argumentado.

Isabella – Pudessem os grandes homens trovejar como Júpiter, e Júpiter não teria um minuto de sossego, pois cada sujeito insignificante, cada oficial de segunda categoria ia querer usar os céus para fazer ecoar trovões, nada além de trovões. Céu misericordioso, vós preferis com vosso raio cortante e sulfurino partir ao meio o carvalho nodoso que não se deixa cortar, deixando ileso o tronco macio da murta. Mas o homem, o homem com sua soberba, vestido de autoridade pouca e breve, ignorando por completo a única certeza que tem, a de sua essência vítrea, esse homem, como um símio irado, adota atitudes tão grotescas diante do céu que faz chorar os anjos. E os anjos, tivessem eles um baço[2], como nós, estariam todos rindo, morrendo de rir.

Lúcio *[à parte]* – Ah, volte a ele, volte a ele, moça, ele vai afrouxar. Ele vai dar meia-volta, posso perceber.

---

2. À época de Shakespeare, o baço era considerado o órgão de onde se originavam a irritabilidade e a gargalhada. (N.T.)

Preboste *[à parte]* – Que os céus permitam que ela triunfe sobre ele!

Isabella – Não devemos nunca usar nossas próprias medidas para saber quanto pesa nosso irmão. Grandes homens podem brincar com os santos, e isso é esperteza da parte deles, pois testam a santidade do outro; já isso nos homens comuns é pura profanação.

Lúcio *[à parte]* – Tu estás indo muito bem, mocinha. Continua assim, não para!

Isabella – O que no capitão é apenas uma palavra irritada, no soldado é pura blasfêmia.

Lúcio *[à parte]* – E tu descobriste isso? Continua, não para!

Ângelo – Por que joga esses ditados e provérbios para cima de mim?

Isabella – Porque a autoridade, embora erre como todos os outros, não obstante, ela traz dentro de si uma espécie de medicação que fecha a ferida com pele nova. O senhor deveria consultar o seu peito, bater à porta de seu coração, perguntar o que ele sabe que se assemelhe ao erro de meu irmão. Se ele confessar uma vergonha natural, como é a de meu irmão, não permita a esse seu coração transmitir um único pensamento à sua boca contra a vida do meu irmão.

Ângelo *[à parte]* – Ela fala, e tudo que diz faz sentido, o que me faz sentir que desperta e cresce por ela o meu desejo. *[Dirigindo-se a Isabella:]* Passe bem.

Isabella – Meu nobre cavalheiro, volte atrás, retroceda.

Ângelo – Vou pensar sobre isso. Volte amanhã.

Isabella – Veja como vou suborná-lo. Bondoso milorde, volte atrás.

Ângelo – Como é? Subornar-me?

Isabella – Sim, e com presentes tais que os céus vão compartilhar com o senhor.

Lúcio *[à parte]* – Você já havia arruinado tudo o mais.

Isabella – Não com irrisórias moedas de ouro puro, nem com pedras preciosas de maior ou menor valor conforme as valorize a imaginação; mas com orações tão valiosas que subirão aos céus e lá entrarão antes de o sol nascer, preces de almas preservadas, de donzelas em jejum, cujas mentes dedicam-se tão somente à vida espiritual.

Ângelo – Está bem. Venha falar comigo amanhã.

Lúcio *[dirigindo-se a Isabella]* – Embora daqui. Está bem assim. Vamos, vá embora.

Isabella – Que os céus protejam Sua Senhoria.

Ângelo *[à parte]* – Amém. Pois eu estou desse modo cedendo à tentação justo no ponto onde se atravessam as preces.

Isabella – A que horas amanhã devo comparecer diante de Sua Senhoria?

Ângelo – A qualquer hora antes do meio-dia.

Isabella – Que os céus protejam Sua Honra.

[Saem Isabella, Lúcio e o Preboste.]

Ângelo – Sim, que me protejam de ti e de tua virtude. O que é isto? O que é isto? É culpa dela ou é culpa minha? Aquela que chega com a tentação, ou este que se sente tentado, qual dos dois comete maior pecado, hã? Ela não; nem ao menos está me tentando. Sou eu, que, ao deitar-me ao sol, rente às violetas, faço igual a uma carcaça (e não igual a uma flor), pois só sei apodrecer na virtuosa estação. Será possível que a modéstia e o recato conseguem atiçar nossos desejos mais do que uma mulher depravada? Em havendo terra desocupada suficiente, passa a ser nossa vontade demolir o santuário e no chão sagrado erigir nossas maldades? Ah, que vergonha, que vergonha, que vergonha. O que estás fazendo? E quem és tu, Ângelo? Tens um desejo nojento e desonesto por ela justo pelas coisas que dela fazem uma boa moça? Ah, deixa que o irmão viva. Quando os próprios juízes roubam, os ladrões têm justificação para roubar. Mas o que é isso? Estou amando? Pois desejo escutar-lhe de novo a voz, desejo o prazer de olhar nos seus olhos. O que me faz sonhar assim? Ah, inimigo esperto que põe uma santa como isca no anzol para fisgar uma santa pessoa! Perigosa é a tentação que nos instiga a pecar precisamente porque amamos a virtude. Jamais conseguiria a meretriz, com todo seu duplo vigor, natureza e arte, mexer assim com minhas equilibradas qualidades. Mas essa donzela cheia de virtudes me tem por inteiro subjugado. Até o dia de hoje, sempre que algum amigo se apaixonava, eu achava graça e não conseguia entender.

CENA III

Entram o Duque (disfarçado de frei) e o Preboste.

Duque – Saudações, preboste... imagino que você seja o preboste.

Preboste – Sou o preboste, sim. O que o senhor deseja, meu bom frei?

Duque – Cumprindo meu trabalho de caridade, como membro de minha ordem, chego para visitar os espíritos aflitos aqui da prisão. Peço que me conceda o direito público de vê-los e de ser informado da natureza de seus crimes, para que eu os possa consolar da melhor maneira.

Preboste – Gostaria de fazer mais que isso, se mais for necessário.

Entra Julieta.

Olhe, aí vem uma dessas almas aflitas, uma moça da nobreza que, por ter tropeçado nas falhas de sua própria juventude, estufou sua reputação. Está esperando, e quem a engravidou, condenado: um rapaz pronto para aprontar uma dessas de novo, nunca para morrer por causa disso.

Duque – E quando ele será executado?

Preboste – Acho que amanhã. *[Dirigindo-se a Julieta:]* Já tomei as providências para a senhora. Espere um pouco e já vai ser conduzida daqui.

Duque – Você se arrepende, linda jovem, do pecado que carrega?

Julieta – Sim, e aguento o peso da vergonha com paciência.

Duque – Vou lhe ensinar como proceder a um exame de consciência e julgar se o seu ato de contrição é sincero ou fingido.

Julieta – Aceito de bom grado que me ensine.

Duque – Você ama o homem que lhe fez mal?

Julieta – Sim, tanto quanto amo a mulher que fez mal a ele.

Duque – Assim então quer parecer que o seu ato maléfico foi mutuamente cometido.

Julieta – Mutuamente.

Duque – Então o seu pecado foi mais pesado que o dele.

Julieta – Eu confesso que sim, padre, e me arrependo.

Duque – Está certo que seja assim, filha, mas que você não se arrependa só porque o pecado a colocou nessa situação vergonhosa. Isso seria um lamento dirigido a nós mesmos, não aos céus. Isso revelaria que evitamos ofender aos céus não por um ato de amor, mas por um medo paralisante.

Julieta – Eu me arrependo porque o mal foi cometido, e é com alegria que carrego a vergonha.

Duque – Mantenha-se nesse estado de espírito. O seu par, segundo ouvi, está marcado para morrer amanhã, e eu vou até ele para aconselhamento espiritual. Que a graça divina esteja sempre com você. *Benedicite.*

Julieta – Marcado para morrer amanhã? Ah, amor de fruto pernicioso que me salva a vida, quando o único consolo desta minha vida é todavia um pavor agonizante!

Preboste – É uma pena ele ter de morrer.

[Saem.]

CENA IV

Entra Ângelo.

Ângelo – Quando eu gostaria de rezar e pensar, penso em várias coisas, rezo por todas elas. Os céus recebem minhas palavras vazias, enquanto minha imaginação, sem escutar nada do que digo, ancora-se em Isabel. Tenho os céus na minha língua como se eu não fizesse mais que mastigar e revirar na boca esse nome e, no meu coração, o mal que se fortalece, que se avoluma, da ideia que concebi. Estudei a arte de governar, e é como um bom livro que, de tantas vezes lido, passa a ser visto como peça murcha e tediosa. Minha postura solene e digna, da qual (que ninguém me ouça) me orgulho, eu poderia com vantagens trocá-la por uma pluma ociosa, que se bate com o vento por razão nenhuma. Ah, decoro, ah, dignidade, quantas vezes tu com tua máscara, tu com teu figurino arrancas temor dos tolos e amarras as almas mais sábias à tua aparência falsa! Sangue, tu não passas de sangue! Podemos escrever "Anjo Bom" nas guampas do diabo, e nem por isso elas deixam de ser as guampas do diabo. E agora, quem está aí?

Entra um Criado.

Criado – Uma certa Isabel, irmã de alguém, deseja vê-lo, sir.

Ângelo – Traga-a até aqui.

[Sai o Criado.]

Ah, céus, por que o meu sangue faz isto, entra em ordem unida no coração? Meu coração tanto fica incapacitado quanto deixa desprovidas de vigor todas as outras partes do meu corpo. Assim é que as multidões de tolos tratam o homem que desmaia: vêm todos para ajudar e roubam o ar que lhe daria chances de se reanimar. Do mesmo modo agem os súditos de um rei muito querido do povo: largam do que estão fazendo e, num afeto obsequioso, aglutinam-se para vê-lo de perto, quando então seu impensado amor ao rei toma aparência agressiva.

Entra Isabella.

E então, linda donzela?

Isabella – Vim para saber de suas intenções.

Ângelo – Gostaria que a senhorita já soubesse quais são, muito mais do que eu ter de explicitá-las. O seu irmão não pode continuar vivo.

Isabella – Pois bem. Que os céus protejam Sua Senhoria.

Ângelo – E, no entanto, ele pode viver mais... e poderia ser tanto quanto você ou eu... e, contudo, no fim ele deve morrer.

Isabella – Esta é a sua sentença?

Ângelo – Sim.

Isabella – Quando, por favor? Para que durante esse adiamento, seja ele um tempo longo ou curto, possa meu irmão estar preparado, para que sua alma não adoeça.

Ângelo – Rá! Que vergonha, estes vícios imundos! Melhor seria decretar o perdão a quem já roubou da natureza a vida de um homem do que libertar a doçura úmida destes vícios que cunham a imagem dos céus como estampa em ligas proibidas. Mais fácil seria por motivos falsos tirar uma vida de verdade do que despejar metal ruim em fôrma ilícita para criar um bastardo.

Isabella – Isso está prescrito nos céus, mas não na terra.

Ângelo – Isso é o que você diz. Pois então vou questionar sua posição. O que a senhorita prefere: que a mais justa lei agora tire a vida de seu irmão ou, para conseguir a redenção dele, entregar o seu corpo à mesma doce sujeira com a qual ele manchou aquela moça?

Isabella – Sir, acredite-me: antes meu corpo que minha alma.

Ângelo – Não estou falando de sua alma. Os pecados que necessariamente cometemos entram na conta de nossas falhas, mas não são vistos como crimes.

Isabella – O que o senhor está dizendo?

Ângelo – Não dou garantias do que digo, pois posso estar argumentando contra o que afirmo. Responda-me o seguinte: eu, agora o porta-voz das leis escritas, pronuncio uma sentença que condena à morte o seu irmão. O pecado não pode vir a ser caridade se for para salvar a vida de seu irmão?

Isabella – Sim, por favor, faça isso, liberte um culpado confesso, e coloco eu o risco da punição em minha alma. Não será pecado, mas caridade.

Ângelo – Sim, por favor, faça isso, liberte um culpado confesso, com o risco da punição de sua alma, pois podem ter igual peso o pecado e a caridade.

Isabella – Suplico, sim, pela vida de meu irmão, e, se isso for pecado, que os céus me permitam aguentar esse peso. E o senhor, ao atender o meu pedido, se isso for pecado, eu o acrescento às minhas preces matinais, junto com minhas próprias faltas, e o senhor deixa de ser responsável por ele.

Ângelo – Não, não, escute: o que você está entendendo não é o que estou querendo dizer. Ou ignora o sentido de minhas palavras ou é habilidosa em parecer ignorar, e isso não é nada bom.

Isabella – Permita-me ignorar e não ser em nada boa. Que a graça divina me permita saber que não sou melhor.

Ângelo – E assim, a sabedoria quer parecer sempre mais brilhante, toda vez que censura a si mesma. É como as máscaras pretas que usam as mulheres: proclamam uma beleza guardada com dez vezes mais estardalhaço que poderia a beleza simplesmente mostrando-se. Mas, preste atenção, para que me entenda sem subterfúgios. Vou ser curto e grosso: seu irmão está condenado a morrer.

Isabella – Sim.

Ângelo – E o crime dele é tal que parece que ele tem de responder perante a lei mediante essa punição.

Isabella – É verdade.

Ângelo – Admitamos que não há outro meio de salvar-lhe a vida (e eu não defendo este, nem qualquer outro), mas falemos em teoria: que você, a irmã dele, descobrindo-se desejada por uma pessoa tal que tivesse crédito junto ao juiz, ou mesmo pudesse estar no lugar do juiz, e ele pudesse arrancar seu irmão dos grilhões da lei que a todos une porque a todos restringe, e que não houvesse meio neste mundo de salvá-lo, exceto se você entregasse o tesouro do seu corpo a este suposto homem. Do contrário, é deixá-lo sofrer. O que você faria?

Isabella – Faria tanto por meu irmão quanto por mim mesma: isto é, estivesse eu correndo risco de morte, ostentaria como rubis as marcas de chicotes ávidos. Tiro a roupa para a morte como se estivesse indo para uma cama há muito desejada, mas não entrego meu corpo à desonra.

Ângelo – Então o seu irmão precisa morrer.

Isabella – É menos oneroso: melhor morrer o irmão, de uma vez, do que termos a irmã, na tentativa de redimi-lo, morrendo para sempre.

Ângelo – E com isso você não estaria sendo tão cruel quanto a sentença contra a qual se posiciona com tanta veemência?

Isabella – Ignomínia no resgate e generosidade no perdão são duas coisas bem diferentes: a misericórdia legítima não é nem mesmo prima distante da redenção falsa, hipócrita, vergonhosa.

Ângelo – Antes você me parecia estar fazendo da lei uma tirana, e até mesmo provou ser o pecado de seu irmão mais um deslize que uma maldade.

Isabella – Ah, me perdoe, milorde. Muitas vezes acontece que, para ter o que se quer, não dizemos o que pensamos. Eu dou um desconto ao que abomino para dar vantagem a quem eu adoro.

Ângelo – Somos fracos, todos nós.

Isabella – Que o meu irmão morra, então, se nenhum confederado, mas ele apenas, tem e herdou essa sua fraqueza, sir.

Ângelo – Não, as mulheres também são fracas.

Isabella – Sim, como os espelhos onde se olham, que são tão fáceis de romper e de multiplicar formas. Mulheres? Que os céus as protejam, porque os homens estragam sua própria criação quando delas se aproveitam. Sim, podem nos chamar de fracas dez vezes, pois somos macias como a nossa pele. E crédulas diante de uma estampa falsa.

Ângelo – Penso a mesma coisa (ainda mais agora com esse testemunho de alguém do seu próprio sexo), já que eu suponho que somos feitos para não sermos mais fortes que as faltas que podem sacudir nossas estruturas. Permita-me ser atrevido. Vou pegá-la pela palavra. Seja o que você é: uma mulher. Se for mais, não é mulher. Se for uma, como por todas as aparências está muito bem expresso e garantido, mostre-me agora, assumindo o papel de fêmea que lhe reservou o destino.

Isabella – Não tenho outra resposta a lhe dar: meu nobre lorde, permita-me pedir-lhe encarecidamente que o senhor volte a falar dos assuntos anteriores.

Ângelo – Sem rodeios, digo o que será simples conceber: eu te amo.

Isabella – Meu irmão amou Julieta, e o senhor me diz que por isso ele deve morrer.

Ângelo – Ele não precisa morrer, Isabel, se você me der o seu amor.

Isabella – Sei que a sua virtude goza de uma autoridade que a faz parecer um tanto mais nojenta do que é quando o senhor tenta encontrá-la nos outros.

Ângelo – Acredite-me, por minha honra: minhas palavras expressam o meu propósito.

Isabella – Rá! É honra muito escassa para que nela se acredite, e o propósito é nocivo demais. Tudo fingimento! Vou te denunciar, Ângelo, podes esperar. Assina para mim o imediato perdão de Cláudio, senão eu vou, com todo o volume que alcance minha garganta, gritar ao mundo que tipo de homem tu és.

Ângelo – E quem vai te acreditar, Isabel? Meu nome imaculado, a austeridade de minha vida, uma declaração formal minha contra você e minha posição no governo vão pesar tanto, mas tanto mais, que a sua acusação vai sufocar em suas próprias palavras e cheirar a calúnia. Iniciei isto, e agora dou rédea solta à corrida dos meus apetites sensuais. Encaixa o teu consentimento no meu desejo aguçado, deixa de lado a timidez e os rubores que proíbem o que eles prometem e solicitam, resgata teu irmão entregando o teu corpo às minhas vontades, porque do contrário ele deve não só morrer conforme sentenciado, mas tua indelicadeza fará com que a morte dele se prolongue em sofrimento. Espero uma resposta tua amanhã ou, pela paixão que agora me guia, saberei ser para ele um tirano. Quanto a você, diga o que quiser; minhas falsas asserções terão mais peso que as suas, verdadeiras.

[Sai.]

Isabella – A quem eu poderia me queixar? Se eu contasse isso, quem me acreditaria? Ah, bocas perigosas que trazem em si uma única língua que tanto condena como aprova, dando ordens às leis, para que estas se curvem diante de suas vontades, fisgando ao mesmo tempo o certo e o errado ao apetite que os puxa ao seu bel-prazer. Vou falar com meu irmão. Embora ele tenha pecado por uma urgência do sangue, ainda assim tem em si um tal senso de honra que, tivesse ele vinte cabeças para deitar em vinte cepos sedentos de sangue, ele as entregaria; tudo para que sua irmã não curvasse o corpo a tão abominável poluição. Então Isabel vive, casta, e o irmão morre. Mais do que nosso irmão é nossa castidade. Vou contar a ele sobre o pedido de Ângelo e preparar sua mente para a morte, em prol do descanso de sua alma.

[Sai.]

TERCEIRO ATO

CENA I

Entra o Duque (disfarçado de frei), Cláudio e o Preboste.

Duque – Mas então você espera o perdão de Lorde Ângelo?

Cláudio – Os desgraçados não têm outro remédio que não a esperança. Tenho esperança de viver e estou preparado para a morte.

Duque – Decida-se totalmente pela morte. Assim, tanto a morte como a vida serão mais suaves. Argumente assim com a vida: se eu te perder, perco uma coisa que ninguém, a não ser os tolos, quer preservar. Não passas de respiração e és servil a todas as influências dos astros que a toda hora afligem esta morada onde habitas. Não há dúvida: és brinquedinho da morte, e para ela tu te esforças o tempo todo no sentido de dela escapar e, ainda assim, estás sempre correndo em direção a ela. Não és nobre, pois todas as comodidades que trazes contigo são alimentadas por mesquinharias; não és de modo algum valente, pois tens medo da língua macia de uma pobre cobra. O sono é teu melhor descanso, muitas vezes provocado; e, no entanto, tens pavor intenso da morte, que não passa de um sono. Tu não és tu mesma, pois existes em milhares e milhares de grãos que vêm do pó. Feliz tu não és, pois o que ainda não tens tu lutas por obter e, quando consegues, esqueces que tem. Tu não és constante, pois teu aspecto revela as mudanças de estranhos efeitos por que passas conforme as fases da lua. Se és rica, tu és pobre, pois, como um jumento que tem as costas vergadas por barras de ouro, tu carregas tuas pesadas riquezas por uma jornada só, e a morte encarrega-se de te descarregar. Amigos, tu não tens nenhum, pois teus próprios filhos, que te chamam de Vossa Senhoria, frutos de teu ventre, amaldiçoam a gota, o herpes e o catarro por não darem cabo de ti mais cedo. Não tens juventude nem idade, mas sonhas com ambas, como numa sesta depois do almoço, pois toda tua abençoada juventude torna-se velha e sai a mendigar por esmolas para velhos entrevados. E quando tu és velha e rica, não tens vigor nem paixão, não tens agilidade nem beleza, nada que torne prazerosa a tua fortuna. O que é mesmo que tem aí que atende pelo nome de vida? Contudo, nessa vida escondem-se mais de mil mortes; e no entanto, tememos a morte, que vem nivelar tantas desigualdades.

Cláudio – Eu humildemente agradeço. Ao suplicar por minha vida, descubro que buscava a morte e, buscando ir ao encontro da morte, descubro a vida. Pois que venha.

Isabella *(fora de cena)* – Ei, olá! Que a paz seja convosco. Boas graças e boas companhias.

Preboste – Quem está aí? Entre! Essa saudação merece boas-vindas.

Duque *(dirigindo-se a Cláudio)* – Caro senhor, não tardarei a visitá-lo de novo.

Cláudio – Meu santo senhor, eu lhe agradeço.

Entra Isabella.

Isabella – Meu assunto aqui é trocar uma palavrinha ou duas com Cláudio.

Preboste – Pois seja bem-vinda. Veja, *signior*, é sua irmã.

Duque – Preboste, uma palavrinha consigo.

Preboste – Quantas o senhor quiser.

Duque – Leve-me até um ponto onde eu possa ouvi-los sem que eles percebam.

[O Duque e o Preboste se escondem.]

Cláudio – E então, irmã, que amparo você me traz?

Isabella – Ora, um amparo como todos são: no geral é bom, muito bom mesmo. Lorde Ângelo, por ter negócios com os céus, tenciona ter você como seu atento representante, e lá você será um embaixador eterno. Por isso, apure-se com os seus melhores preparativos; amanhã você parte nessa missão.

Cláudio – Não tem remédio?

Isabella – Nenhum, a não ser um remédio tal que, para salvar uma cabeça, parte em dois um coração.

Cláudio – E existe um remédio desse tipo?

Isabella – Sim, mano, você pode viver. Existe uma misericórdia diabólica no juiz; se você implorar por ela, isso pode livrar sua vida, mas põe você em grilhões até a morte.

Cláudio – Prisão perpétua?

Isabella – Sim, exatamente, prisão perpétua, uma reclusão. Embora você tivesse toda a vastidão do mundo dentro de certos limites.

Cláudio – De que natureza?

Isabella – Em alguém como você, consentir com isso seria como tirar a casca de um tronco da árvore: você ficaria despido de sua honra.

Cláudio – Me diga qual é o recurso.

Isabella – Ah, tenho medo de ti, Cláudio, e chego a estremecer, pois receio que tu queiras considerar uma vida febril e que possas dar mais valor a outros seis ou sete invernos do que à honra eterna. Te paralisa de medo morrer? O sentido da morte em grande parte está no imaginar e ficar apreensivo. O pobre besouro em que pisamos ao passar por cima, ele sofre no corpo um tormento tão grande quanto o de um gigante ao morrer.

Cláudio – Por que você me vem com essa afronta? Acha que posso encontrar uma resolução a partir de palavras suaves e floridas? Se preciso morrer, minha noiva é a escuridão, e é a ela que devo abraçar.

Isabella – Este é o meu irmão falando, este é o túmulo de meu pai se pronunciando. Sim, tu precisas morrer: és nobre demais para preservar uma vida em soluções hediondas. Esse substituto do Duque, um santo só na aparência, de fisionomia grave, de frases deliberadas, ataca a juventude com um golpe certeiro na cabeça e a leva de arrasto, junto com a lascívia, como o falcão faz com sua presa. É um demônio. Desenterrada a imundície interior, ele ainda assim vai parecer um poço profundo como o inferno.

Cláudio – O rigoroso, principesco Ângelo?

Isabella – Ah, é o fardamento dissimulado do inferno, cobrir e vestir em ornamentos principescos o corpo mais maldito e amaldiçoado que há. Não vais acreditar, Cláudio, mas, se eu entregar a ele minha virgindade, tu podes ser libertado.

Cláudio – Ah, céus, não pode ser!

Isabella – Sim, ele te concederia o perdão desse pecado lúbrico para continuar ele pecando da mesma maneira.

Hoje à noite é quando eu deveria fazer aquilo que abomino nomear, pois do contrário tu morres amanhã.

Cláudio – Tu não deves fazer.

Isabella – Ah, se fosse apenas a minha vida, por tua liberdade eu a jogaria no chão, como um alfinete, já.

Cláudio – Obrigado, Isabel querida.

Isabella – Prepare-se, Cláudio, para a morte amanhã.

Cláudio – Sim. Mas então ele sente paixões que o levam a torcer o nariz para a lei que pretende aplicar? Com certeza isso não é pecado, ou, pelo menos, dos sete capitais é o menos grave.

Isabella – Qual é o menos grave?

Cláudio – Se fosse condenável (ele, sendo tão sábio), por que desejaria ele, em troca de um capricho momentâneo, ser penalizado de modo permanente? Ah, Isabel!

Isabella – O que está dizendo o meu irmão?

Cláudio – A morte é uma coisa assustadora.

Isabella – E uma vida desonrada é odiosa.

Cláudio – Sim, mas morrer e ir para nem se sabe onde, deitar com o sangue parado e frio para apodrecer, para estes movimentos quentes e estes sentidos se tornarem um torrão esboroado, para o espírito capaz de se deliciar ter de nadar em marés de fogo ou residir em zona regelante de gelo espesso, para ser aprisionado por invisíveis vendavais e carregado com incansável violência à volta deste mundo solto no meio do nada, ou para ser pior que os piores desses que o pensamento incerto e sem lei imaginam uivando; é pavoroso demais! A vida terrena mais cansativa e mais odiosa que a velhice, as dores, a penúria e a prisão possam causar ao natural é um paraíso em comparação com o medo que temos da morte.

Isabella – Ai de mim, ai de mim.

Cláudio – Doce irmã, deixe-me viver. O pecado que você cometer para salvar a vida de um irmão será perdoado pela natureza, um ato tão diferente que se transforma em uma virtude.

Isabella – Ah, seu animal! Ah, covarde sem fé, ah, canalha desonesto! Tu vais te transformar em homem com o meu pecado? Não é isso uma espécie de incesto, arrancar vida da vergonha de tua própria irmã? O que devo pensar? Os céus me assegurem de que minha mãe foi honesta com meu pai, pois em família cultivada um rebento assim selvagem e torto nunca teria se originado do sangue dele. Recebe o meu desprezo: morre, desaparece. Se eu me curvar pudesse te poupar de teu destino, isso eu levaria adiante. Vou rezar mil orações por tua morte e nem uma única palavra por tua salvação.

Cláudio – Não, Isabel, me escute.

Isabella – Ah, que vergonha, que vergonha! Teus pecados não são acidentais; são teu ofício. Ter piedade de ti seria prostituir-me. O melhor mesmo é que morras logo.

Cláudio – Ah, Isabella, me escute.

Duque *[saindo de seu esconderijo]* – Dê licença para uma palavrinha, jovem irmã, só uma palavrinha.

Isabella – O que o senhor deseja?

Duque – Se puder me dispensar um pouco de seu tempo, eu gostaria de conversar consigo agora em seguida. Em troca de seu tempo, o que eu ganho é em seu próprio benefício.

Isabella – Não tenho tempo para gastar, minha estada aqui representa outros assuntos desatendidos. Mas vou esperar pelo senhor.

Duque *[dirigindo-se a Cláudio]* – Filho, escutei o que se passou entre você e sua irmã. Ângelo nunca teve o propósito de corrompê-la. O que ele fez foi testar a virtude dela, para fins de exercitar seu discernimento de acordo com as disposições da natureza humana. Ela, trazendo em si a integridade da honradez, apresentou a ele uma rejeição cheia de graça, a qual ele aceitou de bom grado. Sou o confessor de Ângelo e sei que esta é a verdade; portanto, prepare-se para a morte. Não queira consolar sua resolução com esperanças falíveis, pois amanhã você deve morrer. Ajoelhe-se e prepare-se.

Cláudio – Deixe-me pedir perdão à minha irmã. Estou tão desapaixonado pela vida que meu desejo é solicitar que dela eu seja afastado.

Duque – Mantenha essa atitude. Adeus. Preboste, uma palavrinha com o senhor.

Preboste *[saindo do esconderijo]* – O que deseja, padre?

Duque – Assim como o senhor veio até aqui comigo, agora retire-se com ele. Deixe-me a sós com a moça. Minhas palavras prometem, juntamente com meu hábito, que nenhum ato de perdição irá tocá-la, estando ela na minha companhia.

Preboste – Que assim seja.

[Saem o Preboste e Cláudio.]

Duque *[dirigindo-se a Isabella]* – A mão que a fez bela de feições também a fez boa de alma. A bondade que se revela escassa na beleza torna a beleza escassa em virtude. Mas a graça, sendo a alma de sua disposição, vai manter o corpo que a contém para sempre belo. A agressão de Ângelo contra você quis o destino que chegasse ao meu conhecimento. Não fossem os precedentes que se tem (a fraqueza derrubando os homens), e eu duvidaria que Ângelo agiu assim. Como vai agir você, para dar uma resposta a esse governante substituto e salvar o seu irmão?

Isabella – Vou agora mesmo informá-lo de minha resolução. Prefiro meu irmão morrendo pela mão da lei do que ter um filho ilegítimo. Mas, ah, como o bom Duque está enganado com Ângelo! Se algum dia ele voltar e eu puder falar com ele, das duas uma: vou ter aberto a boca em vão ou vou ter denunciado o mau governante.

Duque – Isso não será de todo equivocado, e, no entanto, no ponto em que está o assunto, ele vai refutar e esvaziar a sua acusação, ou seja, ele simplesmente a estava testando. Por isso, preste muita atenção aos meus conselhos, pelo amor que dedico a fazer o bem. Temos como remediar a situação. Creio que você pode com toda a probidade beneficiar com grande mérito uma pobre dama seduzida, libertar o seu irmão da ira da lei, não macular a sua pessoa cheia de graça e agradar, e muito, ao Duque ausente, se porventura ele voltar e vier a saber deste assunto.

Isabella – Deixe-me ouvir o que tem a dizer, padre. Meu espírito está pronto a fazer qualquer coisa que não venha a sujar a verdade do meu espírito.

Duque – A virtude é corajosa, e a bondade nunca se amedronta. Você já ouviu falar de Mariana, a irmã de Frederico, o bravo soldado que desapareceu em alto mar?

Isabella – Ouvi falar, sim, dessa dama, e só elogios acompanham o nome dela.

Duque – Ela deveria ter casado com esse Ângelo. Estavam noivos de data marcada. Entre o contrato de casamento e o dia das bodas, o irmão dela, Frederico, naufragou, e no navio que afundou se foi o dote da irmã. Mas veja bem com que gravidade isso se abateu sobre a nobre moça, coitada: no ocorrido ela perdeu um irmão, um renomado homem da nobreza que por ela nutria um amor fraternal e generoso; com ele, se foi a maior parte da fortuna dela, o seu dote; e, além de perder irmão e dote, perdeu também seu prometido, esse aparentemente correto Ângelo.

Isabella – Será possível? Ângelo deixou dela assim?

Duque – Abandonou-a em lágrimas e não secou nem uma delas, não a consolou. Engoliu seus votos de noivado inteiros, fingindo ter descoberto nela alguma desonra. Em resumo, largou-a para que ela se casasse com seu próprio lamento, lamento este que ela ainda carrega por causa dele. Ele, um mármore frio diante do pranto dela, deixa-se lavar por suas lágrimas mas não amolece.

Isabella – Quanto mérito não teria a morte se levasse deste mundo essa pobre donzela! Quanta corrupção abraça esta vida que deixa viver esse homem? Mas como pode ela tirar proveito de minha situação?

Duque – É uma ruptura que você pode facilmente cicatrizar, e a cura vai salvar o seu irmão, e mais: você se preserva da desonra.

Isabella – Diga-me como, meu bom padre.

Duque – A donzela que mencionamos ainda tem dentro de si o mesmo afeto de antes. As injustas grosserias dele, que, por todos os motivos, deveriam ter jogado água fria no amor dela, só fizeram (como obstáculos na corrente) torná-lo mais violento e ingovernável. Vá você ter com Ângelo, responda à solicitação dele com uma obediência plausível, concorde com as exigências dele meticulosamente, mas insista nas seguintes condições (para você, favoráveis): primeiro, que a sua visita a ele não se prolongue; que o tempo todo vocês estejam no escuro e no silêncio; e que o local seja adequado. Isso ficando devidamente garantido, agora vem o que interessa: vamos avisar à donzela seduzida que vá ao encontro no seu lugar. Se o fato se tornar público depois, isso pode obrigá-lo a retratar-se com ela. E por esse estratagema o seu irmão estará salvo, a sua honra, imaculada, a pobre Mariana, beneficiada, e o regente corrupto, posto a nu. Quanto à donzela, encarrego-me eu de colocá-la a par de tudo e prepará-la para o ataque dele. Se você concorda em levar isso adiante, por ser capaz de executar, o duplo benefício defende a trapaça de qualquer crítica. O que você acha?

Isabella – Só de imaginar, já fico aliviada. Espero que tudo corra à perfeição.

Duque – Muito está em você fazer a sua parte. Vá logo falar com Ângelo. Se para esta noite ele solicitar sua presença na cama dele, prometa que sim, que ele será atendido. Eu vou já para Saint Luke; é lá, numa fazenda isolada, que mora a rejeitada Mariana. Vá ter comigo lá e trate de sua incumbência com Ângelo, para que tudo aconteça com rapidez.

Isabella – Eu lhe agradeço por esse apoio encorajador. Adeus, meu bom padre.

[Sai.]

CENA II

Entram Cotovelos, Pompeu e Oficiais.

Cotovelos – Sim, mas se não tem remédio para isso, então você vai ter que começar a comprar e vender homens e mulheres como animais, nós vamos todo mundo ter que beber vinho misturado, bastardo, de duas cores.

Duque – Ah, céus, que ralé é essa?

Pompeu – Desde lá que o mundo nunca mais teve alegria. Dos dois usurários, o mais alegre foi silenciado, e o pior dos piores deles conseguiu permissão por força da lei de usar uma roupa de pele para se aquecer, e olha que é pele de raposa com forro de pele de ovelha, tudo representando que a esperteza, porque é mais rica que a inocência, fica lá, firme, de apoio para a trapaça.

Cotovelos – Siga o seu caminho, sir... as bênçãos lhe protejam, meu bom padre frei.

Duque – E a você também, meu bom irmão paizinho.

Cotovelos – Deveras, sir, ele afrontou a lei. E, sir, a gente acha que ele é ladrão também, sir, porque a gente revistou ele e ele tinha com ele, sir, uma estranha chave falsa, tipo chave-mestra que abre cintos de castidade, e que a gente mandou para o nosso Duque Regente.

Duque – Que vergonha, senhor, um alcoviteiro, um mau-caráter dum alcoviteiro! O mal que tu estás sempre facilitando ser perpetrado, esse é o teu ganha-pão. Tu pensas que é só forrar o bucho ou defender o lombo do frio com essa fraqueza imunda e nojenta. Dizes a ti mesmo: "É das carícias animais e abomináveis deles que eu tiro minha bebida, minha comida, minha roupa e meu sustento". E tu consegues acreditar que esse modo de vida é vida, que depende de coisa tão fedida? Vai te corrigir, anda.

Pompeu – De fato, fede mesmo, de certa maneira, sir, mas, contudo, sir, eu gostaria de provar...

Duque – Não, não. Se o demônio te deu um escudo contra o pecado, tu vais te tornar um dos dele. Encaminhe-o para a prisão, oficial. Castigo e instrução precisam funcionar como preventivos ao lucro dessa besta ignorante.

Cotovelos – Ele tem que se apresentar ao Duque Regente, sir, que ele deu para ele uma advertência. O Regente não tolera um devasso. Se ele é um libertino e aparece na frente dele, melhor era ele estar a mais de milha daqui, ocupando-se noutro ramo de ocupação.

Duque – Quisera estivéssemos nós todos, como alguns parecem estar, livres de seus pecados; tanto quanto os pecados parecem estar livres de parecer o que são.

Entra Lúcio.

Cotovelos – O pescoço dele vai encaixar, como sua cintura, sir, numa corda.

Pompeu – Vislumbro um consolo e grito por resgate: temos aí um cavalheiro (e meu amigo).

Lúcio – E então, nobre Pompeu? Mas, como? Vens subjugado no carro de César, como prisioneiro de guerra carregado em triunfo? Mas, como? Não existem mais imagens de Pigmalião? Mulher recém-corrompida, mas de aparência casta e fria feito estátua, que pudéssemos possuir agora em troca de deixá-la enfiar a mão no nosso bolso e tomar um punhado de moedas? Qual a resposta? O que me dizes tu a esta melodia, matéria e método? Já não se foi água abaixo com as últimas enxurradas? O que me dizes a isso, meu velho? O mundo continua o mesmo de sempre, homem, ou mudou? Qual é o caminho? Triste e de poucas palavras? Ou o quê? Qual é o nosso estilo agora?

Duque – Agora e sempre, assim e assado; cada vez pior.

Lúcio – Como tem passado aquele meu querido naco de carne, a tua dona? Ainda trabalha como cafetina, é?

Pompeu – Dou minha palavra, sir: ela já tirou o couro de todas que pôde, e agora ela mesma é quem está suando nos banhos quentes.[3]

Lúcio – Ora, essa é boa; e está certo; assim mesmo é que deve ser. Sempre teremos a puta novinha e lisinha e a cafetina enrugada e maquiada, uma trajetória inescapável. E assim mesmo é que deve ser. Estás indo para a prisão, Pompeu?

Pompeu – Sim, por minha fé, sim, sir.

Lúcio – Ora, não está de todo inadequado. Adeus. Pode dizer que fui eu que te botei na cadeia. É por dívidas, Pompeu? Ou o quê?

Cotovelos – Por ser um alcoviteiro, por ser um alcoviteiro.

Lúcio – Bom, só resta a prisão para ele. Se prisão é o que merece um alcoviteiro, ora... esse é o direito dele. Sabe-se que ele é um corretor de prostitutas, e disso não temos dúvidas, porque também é um dos mais antigos. Nasceu alcoviteiro. Adeus, meu bom Pompeu. Dê minhas lembranças ao cárcere, Pompeu. Agora você vai se tornar um bom marido, Pompeu, vai cuidar da casa.

Pompeu – Eu espero, sir, que Sua Senhoria pague minha fiança.

Lúcio – Não, de modo algum, Pompeu, não é este o costume. Vou rezar, Pompeu, para que o seu tempo atrás das grades aumente. E, se você não for paciente, ora... a sua coragem férrea pode mais, frente a enferrujados grilhões. Adeus, meu confiável Pompeu, preso privilegiado. – Que os céus o abençoem, frei.

Duque – E ao senhor também.

---

3. Banhos quentes eram conhecidos como tratamento para a sífilis. (N.T.)

Lúcio – E a Brigita, sempre se pintando, Pompeu, hã?

Cotovelos – Andando adiante, sir, vamos. Retomando o seu caminho.

Pompeu – O senhor então não vai pagar minha fiança?

Lúcio – Nem então nem agora, Pompeu. – Que notícias me dá do estrangeiro, frei? Quais são as novas?

Cotovelos – Andando adiante, sir, vamos.

Lúcio – Vá para o canil, Pompeu, vá.

[Saem Cotovelos, Pompeu e Oficiais.]

Diga lá, frei, quais são as notícias do Duque?

Duque – Não sei de nada. O senhor, quem sabe, poderia me dizer quais são as novas.

Lúcio – Tem gente que diz que ele está com o Imperador da Rússia; outros dizem que está em Roma; mas onde o senhor acha que ele está?

Duque – Não sei dizer onde, mas, seja lá onde for, faço votos de que esteja bem.

Lúcio – Foi uma proeza fantástica, um capricho doido, ele ter se escapulido de seus deveres de estadista e usurpado a mendicidade, sendo que não nasceu para isso. Lorde Ângelo governa bem o Ducado na ausência dele: pune os criminosos.

Duque – Faz ele bem.

Lúcio – Um pouco mais de leniência com a libidinagem não lhe faria mal. Nesse ponto, frei, ele é intragável.

Duque – Esse é um vício por demais generalizado, que se deve curar com severidade.

Lúcio – Sim, não há dúvida, o vício é de poderosas afinidades, de importantes aliados, mas é impossível extirpá-lo de todo, frei, enquanto não forem derrotados os hábitos de beber e comer. Dizem por aí que esse Ângelo não foi feito por homem e mulher de acordo com a prática usual da criação. O senhor acha que é verdade?

Duque – Mas de que outro modo ele teria sido feito?

Lúcio – Alguns relatam que uma sereia desovou Lorde Ângelo. Outros dizem que ele foi gerado por dois bacalhaus secos e salgados. Mas é certo que, quando ele tira água do joelho, o que sai dali é urina congelada, e isso eu sei que é verdade. E ele é um marionete, ou melhor, um autômato, isso não tem erro.

Duque – O senhor sabe muitas piadas, sir. E fala com rapidez, não?

Lúcio – Ora, o que é essa coisa desumana que tem nele que o faz tirar a vida de um homem só porque se rebelou nesse homem a braguilha? O Duque, ora ausente, teria agido assim? Antes de enforcar um homem por ter feito uma centena de filhos bastardos, teria pagado pela criação de um milhar deles. Ele tinha uma certa sensibilidade para a diversão, conhecia bem os movimentos, sabia desempenhar, e isso o orientou rumo à misericórdia.

Duque – Nunca ouvi falar que tivessem acusado o Duque ora ausente de meter-se com mulheres. Ele não era dado a essas coisas.

Lúcio – Ah, sir, aí é que o senhor se engana.

Duque – Impossível.

Lúcio – Quem? O Duque? Mas sim! Imagine o senhor uma pedinte de cinquenta. O que ele fazia era enfiar um ducado inteiro naquele pratinho de esmolas. O Duque tinha lá seus caprichos imaginosos. E também ficava torto de tanto beber, para sua informação.

Duque – O senhor está difamando o Duque, com certeza.

Lúcio – Sir, eu era íntimo amigo dele. Um sujeito tímido, o Duque, e eu acho que sei a causa da introspecção dele.

Duque – Mas então, por favor: qual pode ser a causa?

Lúcio – Não, me desculpe, mas é um segredo que deve ficar trancado nos dentes e nos lábios. Mas posso esclarecer o seguinte: a maioria de seus súditos considerava o Duque um sábio.

Duque – Sábio? Ora, quanto a isso não há dúvidas.

Lúcio – Um sujeito pra lá de superficial, ignorante, imprudente.

Duque – Ou isso é inveja sua, ou você está ensandecido ou totalmente equivocado. O percurso da vida do Duque e os negócios que ele conduziu certamente conferem a ele melhor reputação, sempre que se façam necessárias garantias. Que sejam testemunho disso os seus próprios feitos, e ele será, aos olhos dos invejosos, um homem inteligente e instruído, um estadista, um soldado guerreiro. Portanto, o senhor não tem ideia do que está falando; ou, se algum conhecimento o senhor tem, este está obscurecido por sua maldade.

Lúcio – Sir, eu conheço bem o Duque, e por ele tenho profunda afeição.

Duque – A afeição só fala quando está bem informada, e a informação só se pronuncia com a mais cara afeição.

Lúcio – Ora, vamos, sir, eu sei o que sei.

Duque – É difícil de acreditar, uma vez que o senhor não sabe do que está falando. Mas, se algum dia o Duque voltar, como querem as nossas preces, meus votos são de que o senhor, diante dele, responda por essa calúnia. Se são honestas as suas palavras, o senhor tenha a coragem de sustentá-las. Será minha obrigação chamá-lo às falas, sir. Então, por favor: qual o seu nome?

Lúcio – Meu nome, sir, é Lúcio, um nome bem familiar ao Duque.

Duque – Ele vai se familiarizar com o senhor ainda mais, sir, se eu viver para denunciá-lo.

Lúcio – O senhor não me mete medo.

Duque – Ah, o senhor espera que o Duque não volte nunca mais, é isso? Ou imagina que sou um oponente inofensivo? Mas, realmente, que mal eu poderia lhe fazer? Afinal, o senhor vai mentir de novo, sob juramento.

Lúcio – Prefiro ser enforcado primeiro. Você está enganado quanto à minha pessoa, frei. Mas já basta deste assunto. Você sabe me dizer se Cláudio morre amanhã, ou não?

Duque – E por que ele deveria morrer, sir?

Lúcio – Por quê? Por ter usado o seu funil para encher uma barrica. Queria que o Duque de quem estávamos falando já tivesse voltado. Esse regente desgenitalizado quer despovoar a província com a abstinência. Os pardais estão proibidos de construir seus ninhos na casa de Lorde Ângelo, porque são uns indecentes! O Duque teria julgado nas sombras os atos cometidos nas penumbras, ele jamais os teria exposto à luz do dia. Queria que ele já tivesse voltado. Esse Cláudio, de fato, foi condenado por desabotoar as calças. Passe bem, meu bom frei. Peço encarecidamente que reze por mim. O Duque, e isso eu lhe digo de novo, sempre comia carne nas sextas-feiras[4] e comia putas quando bem entendesse. Ele agora já não dá no couro, mas (e isto eu lhe garanto) estava sempre

4. Comer carne nas sextas-feiras era proibido pela Igreja Católica aos seus fiéis. (N.T.)

pronto a beijar uma mendiga, mesmo que ela cheirasse a pão embolorado e alho. E pode dizer que fui eu que disse. Adeus.

[Sai.]

Duque – Entre os mortais, nem o poder nem a grandeza conseguem escapar da crítica. A calúnia que apunhala pelas costas fere até mesmo a mais pura virtude. Que rei é forte o suficiente para impedir o fel de escorrer da língua que difama? Mas quem vem lá?

Entram Éscalo, o Preboste, a Senhora Passada e Oficiais.

Éscalo – Vão, levem essa daí para a prisão.

Senhora Passada – Meu bom lorde, seja bom comigo, Sua Senhoria é reconhecido por todos como um homem piedoso... meu bom lorde.

Éscalo – Recebe dupla e tripla advertência e continua transgredindo a mesma lei? Isso faria até mesmo a misericórdia trocar de lado e agir de modo tirano.

Preboste – Com a licença de Sua Senhoria, eis aqui uma cafetina com onze anos de atividade.

Senhora Passada – Milorde, isso é uma acusação do tal de Lúcio contra mim. A senhora Catarina Nanica estava esperando nenê por causa dele nos tempos do Duque, e ele prometeu casamento, e a criança já vai fazer um ano e três meses no dia de São Felipe e São Tiago, agora em agosto. Eu mesma cuido da criança, e olhe só o que ele faz para judiar de mim.

Éscalo – Esse sujeito é muito folgado. Que ele seja chamado à minha presença. E levem ela para a prisão, vão de uma vez, chega de conversa.

[Saem Oficiais com a Senhora Passada.]

Preboste, o meu colega de ofício Ângelo não quer nem saber de mudar de opinião, e Cláudio deve morrer amanhã. Que ele receba o conforto da assistência de um religioso e passe por todas as preparações da caridade cristã. Se o meu colega se deixasse influenciar por minha piedade, isso não estaria acontecendo com Cláudio.

Preboste – Então, com sua licença, este frei já esteve com ele, e seus conselhos foram no sentido da aceitação da morte.

Éscalo – Boa tarde, meu bom padre.

Duque – Que você seja bem-aventurado e generoso!

Éscalo – De onde o senhor é?

Duque – Não sou deste país, e no entanto agora eu tenho a chance de usá-lo para um objetivo meu, particular. Sou irmão de uma ordem sagrada, recentemente chegado da Santa Sé, em viagem para tratar de assunto especial de Sua Santidade.

Éscalo – Que novas o senhor nos traz de outros cantos do mundo?

Duque – Nada de novo, a não ser que existe por aí uma tal febre de austeridade que só mesmo sua dissolução será capaz de curar. O povo só se interessa por novidades, e é tão perigoso você perseverar em qualquer tipo de atividade quanto é virtuoso manter a constância em seus empreendimentos. É muito escassa a verdade entre os vivos para que possam se associar uns aos outros com segurança, mas todos se sentem seguros o suficiente para assinar promissórias e assim amaldiçoar as parcerias que têm. Para que se estabeleça, a sabedoria do mundo depende em muito desse enigma. Estas novas são bastante antigas e, no entanto, são novas a todo dia. Eu lhe pergunto, sir, o Duque era pessoa de que temperamento?

Éscalo – De um temperamento tal que, acima de todos os outros esforços, esforçava-se especialmente em conhecer a si mesmo.

Duque – A que prazeres ele se entregava?

Éscalo – Era mais dado a alegrar-se em ver os outros felizes do que a ficar feliz com aquilo que tivesse por finalidade alegrá-lo. Um nobre cavalheiro de comportamento moderado. Mas deixemos de lado o Duque com seus negócios, rezando para que estes sejam prósperos, e deixe que eu lhe pergunte se encontrou Cláudio preparado. Me deram a entender que o senhor foi visitá-lo.

Duque – Ele declara não ter recebido nenhuma medida disciplinar injusta de parte do juiz e, pelo contrário, aceita com máxima humildade as determinações da Justiça e, no entanto, ele havia imaginado, com o natural estímulo de sua fraqueza humana, vãs esperanças de vida. Dediquei meu tempo a isso e consegui dissuadi-lo de tais ideias enganosas. E agora ele está, sim, preparado para morrer.

Éscalo – O senhor pagou aos céus por sua função, e o prisioneiro, pela dívida de sua visita. Esforcei-me o quanto me permitiu o alcance de minha modéstia em prol deste nosso pobre cavalheiro, mas o juiz meu irmão, encontrei-o tão severo em sua postura que me obrigou a reconhecer que ele é de fato a personificação da Justiça cega.

Duque – Se a própria vida dele corresponde à lisura de seu proceder, temos aí uma conduta harmoniosa. Se por um acaso ele tem falhas, condenou-se a si mesmo.

Éscalo – Vou visitar o prisioneiro. Passar bem.

Duque – Que a paz esteja convosco.

[Saem Éscalo e o Preboste.]

Aquele que empunha a espada da Justiça divina deve ser santo e não apenas severo. Deve ser padrão, ele mesmo, a ser imitado. Deve aprumar-se com graça divina e trilhar o caminho da virtude. Nem mais nem menos deve ele cobrar dos outros por suas faltas do que de si mesmo por suas ofensas. Vergonhoso é quem pune com crueldade a ponto de condenar à morte por transgressões que ele mesmo comete. Que você se envergonhe duplamente três vezes, Ângelo, por ter limpado o terreno de nossos vícios enquanto cultiva os seus. Ah, que homem pode ocultar-se dentro dele, um anjo por fora? Com dada aparência, como se pode, enganando o mundo, cometer crimes e atrair para si, com triviais fios de teias de aranha, coisas muito mais pesadas e substanciais? Devo aplicar astúcia e dissimulação contra o vício. Com Ângelo, hoje à noite, vai se deitar a antiga e desprezada noiva. Assim, o disfarce de um, com a outra disfarçada, vai pagar com falsidade por um pagamento injustamente cobrado e consumar um velho contrato.

[Sai.]

QUARTO ATO

CENA I

Entra Mariana, acompanhada de um Rapaz cantando.

Rapaz *[canta]*

De mim afaste os seus lábios
Que com doçura mentiram.
Seus olhos, uma alvorada,
À própria aurora iludiram.
Mas devolve os meus beijos de paixão,
Selos de amor, mas selados em vão.

Entra o Duque (disfarçado de frei).

Mariana – Para com essa tua cantoria e te apressa, vai embora. Aí vem um homem que traz consolo, um homem cujo conselho várias vezes aquietou o meu clamoroso descontentamento.

[Sai o Rapaz.]

Eu lhe suplico misericórdia, sir, e preferia que não tivesse me encontrado aqui assim em momento tão musical. Permita que eu me desculpe, e acredite: a canção muito desagradou à minha alegria, mas agradou ao meu desgosto.

Duque – Isso é bom. A música muitas vezes possui esse dom de enfeitiçar, tornando bom o que é ruim e, quando está bom, provocando dor. Eu lhe peço, por favor, diga-me: alguém hoje, aqui, perguntou por mim? Prometi encontrar alguém aqui mais ou menos por esta hora.

Mariana – Ninguém perguntou pelo senhor. E estou sentada aqui o dia todo.

Entra Isabella.

Duque – Acredito. É neste instante a hora certa. Receio que tenha de lhe pedir que se retire por um momento, e pode ser que eu venha a chamá-la daqui a pouco, por razões que serão de seu interesse.

Mariana – Sou e serei sempre agradecida ao senhor.

[Sai.]

Duque – Que bom que nos encontramos. Seja bem-vinda. Quais são as novas do nosso bom regente, o substituto do Duque?

Isabella – Ele tem um jardim murado com tijolos, e no lado do poente o muro é forrado por um parreiral, e tem um portão feito de tábuas no meio do parreiral que se abre com esta chave maior. Esta outra aqui abre uma porta menor que leva do parreiral até um jardim. É lá que prometi fazer-lhe uma visita, no ar pesado do meio da noite.

Duque – Mas você consegue com essas informações achar o caminho?

Isabella – Tenho tudo anotado, correta e meticulosamente. Em voz sussurrada, num zelo repleto de culpa, com gestos de quem ensina e orienta, ele mesmo me mostrou o caminho por duas vezes.

Duque – Não há outros detalhes combinados entre vocês dois e dos quais ela precise estar ciente?

Isabella – Não, nada, a não ser que deve ir até lá no escuro. E também eu deixei bastante claro para ele que o tempo máximo que posso ficar só pode ser muito breve, pois eu o informei da companhia de uma criada que vai junto comigo e vai esperar por mim; acredita que estarei ali para visitar meu irmão.

Duque – Está bem tramado. Ainda não disse palavra a Mariana sobre tudo isso. Olá, entre, aproxime-se.

Entra Mariana.

Quero apresentar-lhe esta senhorita, e peço por gentileza que vocês se conheçam, pois ela vem em seu auxílio.

Isabella – O mesmo desejo eu.

Duque – A senhorita já está persuadida de que tenho o seu melhor interesse em mente?

Mariana – Meu bom frei, estou certa que sim, já tive provas.

Duque – Então leve esta sua companheira pela mão, que ela tem uma história para os seus ouvidos. Vou esperar aqui pelas duas, mas não se demorem, que a noite se aproxima, uma noite de muito sereno.

Mariana *[dirigindo-se a Isabella]* – Se você não se incomoda, vamos até ali naquele lado.

[Mariana e Isabella afastam-se para um lado.]

Duque – Ah, ofício e grandeza, milhões de falsos olhares estão grudados em vós! Desmedida quantidade de boatos disparam atrás de pistas falsas e farejam em ventos contrários vossas ações. Mais de mil investidas de puro sarcasmo fazem de vós o pai de suas loucas fantasias e vos estraçalham em seus pensamentos.

[Mariana e Isabella aproximam-se do Duque.]

Bem-vindas, as duas. E então, combinaram...?

Isabella – Ela vai se encarregar da incumbência se este for o seu conselho, padre.

Duque – Não só é meu conselho, mas é também um pedido que lhe faço.

Isabella – Não será preciso dizer nada a ele quando se despedirem, a não ser, em voz baixa e suave: “Agora não se esqueça de meu irmão”.

Mariana – Pode confiar.

Duque – E a senhorita também, minha filha: pode confiar. Ele é o seu marido por um contrato de casamento. Uni-los dessa maneira não é pecado, uma vez que, por direito, o seu título de noiva faz da trapaça sagrada tapeçaria. Agora vamos, porque, para colher o milho, ainda temos de plantar a semente.

[Saem.]

CENA II

Entram o Preboste e Pompeu.

Preboste – Venha cá, sujeitinho. Você consegue decapitar um homem?

Pompeu – Se o homem for solteiro, sir, daí eu consigo. Mas, se for casado, ele é o cabeça do casal, e eu nunca que ia conseguir cortar a cabeça de um casal.

Preboste – Ora, vamos, sir, deixe de trocadilhos e evasivas e me dê uma resposta direta. Amanhã de manhã estão marcados para morrer Cláudio e Bernardino. Temos aqui em nossa prisão um executor público que, para dar conta de suas obrigações, carece de um ajudante. Se você tomar para si a tarefa de assisti-lo, será libertado de seus grilhões. Caso se recuse, você cumprirá o tempo integral de sua sentença, além do que será chicoteado sem misericórdia quando de sua soltura, porque você sempre foi um notório alcoviteiro.

Pompeu – Sir, sou um alcoviteiro, um fora da lei, desde que me conheço por gente, mas todavia vou ficar satisfeito em ser um carrasco dentro da lei. Não vejo problema algum em passar a receber instruções do meu colega algoz.

Preboste – Olá, Ascoso! Sabem me dizer por onde anda o Ascoso?

Entra Ascoso.

Ascoso – Chamou, sir?

Preboste – Pois, homem, aqui tem um sujeito que vai ajudá-lo amanhã na execução. Se você achar que serve, entre em acordo com ele e contrate-o por um ano, e que ele fique morando aqui mesmo com você. Se não serve, aproveite o sujeito para o trabalho de agora e depois pode dispensá-lo. Ele não pode querer botar banca como algoz, pois sempre foi um alcoviteiro.

Ascoso – Alcoviteiro, sir? Mas, veja bem: se ele não tem vergonha na cara, vai desacreditar nosso ofício, que requer habilidade, e muita!

Preboste – Ora, vamos, sir, vocês dois pesam a mesma coisa: uma pluma decide para que lado pende a balança!

[Sai.]

Pompeu – Por favor, sir, com a sua licença... mas, claro, sir, não peço a sua licença para executar... com a sua licença, me dê passagem... mas, claro, sir, não digo passagem desta para a melhor... mas, por favor, me responda: o senhor chama sua ocupação de ofício de muita habilidade?

Ascoso – Isso mesmo: ofício de muita habilidade.

Pompeu – A pintura, sir, ouvi falar, é ofício de muita habilidade. E as suas meretrizes, sir, sendo membros da minha ocupação, quando se pintam, provam que minha ocupação é um ofício de muita habilidade. Mas que habilidade pode haver em enforcar, se eu vier a ser enforcado, isso eu não consigo imaginar.

Ascoso – Pois saiba, senhor, requer muita habilidade.

Pompeu – Pois então me prove.

Ascoso – O traje de qualquer homem honesto serve no seu ladrãozinho. Se for pequeno demais para o seu ladrão, o seu homem honesto acha que está de bom tamanho. Se for grande demais para o seu ladrão, o seu ladrão acha que está de bom tamanho. Por isso, o traje de qualquer homem serve no seu ladrãozinho.

Entra o Preboste.

Preboste – Já chegaram num acordo?

Pompeu – Sir, vou trabalhar de servente para ele, pois descobri que o seu carrasco é um negócio de mais penitência que um alcoviteiro: ele muitas mais vezes que eu tem de pedir perdão.

Preboste – Você, homem, providencie o cepo e o machado para amanhã às quatro horas.

Ascoso – Vamos, cafetão, vou te ensinar o meu ofício. Agora vem comigo.

Pompeu – Tenho vontade de aprender, sir, e espero, se o senhor tiver oportunidade de me usar quando for a sua vez, que o senhor me encontre bem preparado. Porque é bem verdade, sir, que, pela sua generosidade, fico lhe devendo ser ágil no machado e no que mais for preciso.

Preboste – Podem me trazer os dois aqui, Bernardino e Cláudio.

[Saem Ascoso e Pompeu.]

De um, sinto pena; do outro, nem um tiquinho. De assassino, não sinto dó; nem mesmo se fosse meu irmão.

Entra Cláudio.

Olha, aqui está o mandado, Cláudio, para tua execução. Meia-noite agora, estamos nas horas mortas da madrugada. E às oito da manhã tu deves passar a imortal. Onde está Bernardino?

Cláudio – Tão fundo no sono, tão preso nos próprios sonhos, está como o trabalho braçal que, sem culpas, se deita e se acomoda, imóvel, nos ossos do viajante. Não acorda.

Preboste – Quem será que pode sacudir o sujeito? Bem, vá, prepare-se...

[Ouve-se alguém batendo à porta.]

Mas, escute: que barulho é esse? Que os céus possam dar conforto ao seu espírito.

[Sai Cláudio.]

[Ouve-se alguém batendo à porta.]

Já vai! Espero que seja um perdão para Cláudio, ou pelo menos a comutação da pena da morte para esse tão nobre cavalheiro.

Entra o Duque (disfarçado de frei).

Bem-vindo, padre.

Duque – Que as melhores e mais salutares energias da noite envolvam o senhor, meu bom preboste. Quem esteve aqui recentemente?

Preboste – Desde que foi dado o toque de recolher, ninguém.

Duque – Nem Isabel?

Preboste – Não.

Duque – Então devem estar a caminho, e vão chegar logo.

Preboste – Haverá clemência para Cláudio?

Duque – Há esperança de alguma coisa.

Preboste – É um regente amargo, o substituto do Duque.

Duque – Nem tanto, nem tanto. Sua vida corre bem paralela aos golpes, traços e linhas de sua pesada justiça. Subjuga e doma, nele mesmo, com santa abstinência, aquilo que trata de abater nos outros, para tanto metendo neles todas as esporas em seu poder. Estivesse ele sujo da mesma sujeira que corrige nos outros, seria tirânico; mas, dada a abstinência, ele é justo.

[Ouve-se alguém batendo à porta.]

[Sai o Preboste.]

Agora chegaram. Este é um preboste benevolente; difícil ver um carcereiro endurecido pelo ofício ter amizade aos homens.

[Ouve-se alguém batendo à porta.]

Mas o que é isso, esse barulho? Só pode ser um espírito possuído pela pressa que assim fere a inquebrantável porta dos fundos com esses golpes.

Entra o Preboste.

Preboste – Ele precisa ficar lá até que o oficial chegue para fazê-lo entrar. Ele já foi chamado.

Duque – Você ainda não tem uma contraordem para Cláudio? Para que ele não precise morrer amanhã?

Preboste – Nenhuma, sir, nenhuma.

Duque – Apesar de que está próximo o raiar do dia, preboste, como de fato está, o senhor terá outras notícias antes do amanhecer.

Preboste – Talvez o senhor saiba de alguma coisa; no entanto, eu não creio que venha uma contraordem. Não temos nenhum precedente. Além disso, ainda sentado na cadeira de juiz, Lorde Ângelo pronunciou-se contrário, e isso foi ouvido por todos ali presentes.

Entra um Mensageiro.

Esse é um assistente de Sua Senhoria, Lorde Ângelo.

Duque – E aí vem o indulto de Cláudio.

Mensageiro – Meu amo e senhor lhe envia esta nota e, por meu intermédio, esta recomendação: que o senhor não se desvie de nenhum dos itens nela contidos, por mínimo que seja, nem quanto a horário, ou quanto à matéria de que se trata, ou quaisquer outras circunstâncias. Tenha um bom dia. Pois, pelo que me foi dado perceber, já é quase dia.

Preboste – Claro, obedeço às ordens dele.

[Sai o Mensageiro.]

Duque *[à parte]* – Esse é o indulto, comprado por pecado tal que envolve o próprio homem que o concedeu. Vem provar que o crime, quando perpetrado por uma alta autoridade, dela exige rapidez. Quando a maldade ocasiona misericórdia, a misericórdia se amplifica tanto que, por amor ao crime, o criminoso passa a amigo. – Mas então, sir, quais são as novas?

Preboste – Eu não lhe disse? Lorde Ângelo, ao me considerar, suponho eu, negligente em minhas obrigações, vem me despertar com esta pressão nada usual para que eu aja, a mim me parece, de modo estranho, pois ele nunca usou de um expediente como este aqui.

Duque – Por favor, vamos ouvir.

Preboste *[lendo]* – "Independentemente daquilo que o senhor possa ter ouvido em contrário, providencie para que Cláudio seja executado às quatro horas e, no período da tarde, Bernardino. A fim de satisfazer minha necessidade de informações, veja que a cabeça de Cláudio me seja entregue às cinco horas. Que isso seja devidamente feito. Esteja certo de que há mais coisas envolvidas nisso do que podemos por ora esclarecer. Portanto, cumpra com sua obrigação sem falhas, pois do contrário o senhor responderá por isso como único responsável." O que o senhor me diz disso, sir?

Duque – Quem é esse Bernardino que deve ser executado no período da tarde?

Preboste – É um sujeito nascido na Boêmia, mas foi criado aqui em Viena. É nosso prisioneiro faz nove anos.

Duque – E por que o Duque ausente não tratou de libertá-lo ou então de executá-lo? Ouvi dizer que essa sempre foi a maneira de ele lidar com os prisioneiros.

Preboste – Os amigos de Bernardino sempre arranjavam adiamentos da pena. E, na verdade, o crime dele, só agora, sob o governo de Lorde Ângelo, é que ficou provado sem sombra de dúvida.

Duque – E agora é um crime evidente?

Preboste – Incontestável, e ele mesmo não o nega.

Duque – E ele se comportou na prisão como um penitente? Pode-se ver que o confinamento o afetou?

Preboste – Um homem que percebe a morte como nada mais que o sono de um bêbado. Despreocupado, irresponsável, sem remorsos por atos passados, presentes ou futuros. Insensível à iminência da morte e um mortal incorrigível.

Duque – Ele carece de bons conselhos.

Preboste – Não quer saber de conselhos. Sempre teve toda a liberdade de uma prisão: fosse dada a ele licença para fugir, ele não teria ido embora. Fica bêbado várias vezes ao dia, isso quando não passa vários dias totalmente bêbado. Muitas vezes já o acordamos como se fôssemos levá-lo para a execução, e até mostramos a ele um suposto mandado. Pensa que se abalou? Nem um pouco.

Duque – Depois o senhor me fala mais sobre ele. A sua pessoa, meu bom preboste, transpira honestidade e constância. Se não estou lendo corretamente sua atitude e seus gestos, muito me engana a minha longa experiência em lidar com as pessoas. Mas ouso confiar nesta minha habilidade e me arrisco: Cláudio, para quem o senhor aqui tem um mandado de execução, não é maior criminoso que Ângelo, o que assinou a sentença. Para que o senhor venha a entender isso com uma demonstração clara, eu lhe suplico que aguarde quatro dias. Com isso, o senhor estará me fazendo um obséquio urgente e perigoso.

Preboste – Mas eu lhe pergunto, sir: que obséquio é esse?

Duque – O adiamento da execução.

Preboste – Ai de mim, como eu poderia? Tenho a hora definida e uma ordem expressa, e respondo pessoalmente por entregar a cabeça de Cláudio diante dos olhos de Ângelo. Estou tão condenado quanto ele se não cumprir estas instruções em todos os detalhes.

Duque – Pelos votos de minha ordem, eu lhe dou garantias de que estará seguro. Se minhas instruções servem de guia para o senhor, leve esse Bernardino à morte agora de manhã e entregue a cabeça dele a Lorde Ângelo.

Preboste – Ângelo conhece os dois e saberá reconhecer os traços de um e de outro.

Duque – Ah, mas a morte é um potente disfarce, e o senhor pode ajudar: raspe a cabeça dele, escove e amarre a barba e diga que foi este o desejo do penitente, apresentar-se de cabeça limpa para a morte. O senhor sabe que isso é prática comum. Caso lhe aconteça alguma coisa por causa disso, mais do que agradecimento e votos de boa fortuna, pelo meu santo protetor, eu mesmo vou defendê-lo, e com minha própria vida.

Preboste – Meu bom padre, o senhor vai me perdoar, mas isso vai de encontro ao meu juramento como preboste.

Duque – O senhor fez seu juramento diante do Duque ou diante de seu substituto?

Preboste – Diante dele, extensivo aos seus substitutos.

Duque – O senhor acreditará que não cometeu infração alguma se o próprio Duque avalizar a justiça de sua atitude?

Preboste – Mas quais são as chances de isso acontecer?

Duque – Não há chances, e sim uma certeza. Mas, como vejo que o senhor está receoso, e que nem o meu hábito ou minha integridade e nem a persuasão podem com facilidade tentá-lo, vou revelar mais do que pretendia a fim de aliviá-lo de todos os seus receios. Veja, sir, aqui o senhor tem a letra e o selo do Duque. O senhor conhece a caligrafia dele, com certeza, e o sinete também não lhe é estranho.

Preboste – Conheço, sim, a caligrafia e o sinete.

Duque – O conteúdo deste documento é a volta do Duque. O senhor logo poderá ler e reler o quanto quiser, e o senhor vai descobrir que em mais dois dias ele estará aqui. Isto é coisa que Ângelo desconhece, pois hoje mesmo recebe cartas de estranho teor, talvez informando da morte do Duque, talvez informando que entrou para algum monastério, mas de propósito informando nada de oficial. Olhe, a estrela matutina chama o pastor a soltar as ovelhas no campo. Não se surpreenda ao ver como se desenrolam as coisas: os problemas deixam de ser problemas quando sabemos o que são. Chame o seu carrasco e mande decapitar Bernardino. Eu me encarrego de ouvi-lo em confissão agora mesmo e dou os conselhos de que ele precisa para ir desta para a melhor. Vejo que o senhor ainda está surpreso, mas isto vai resolver de uma vez por todas as suas dúvidas. Vamos embora, já é quase dia.

[Saem.]

CENA III

Entra Pompeu.

Pompeu – Tenho tantos conhecidos aqui como tinha na casa de minha profissão. Quase que dá pra pensar que esta é a casa da Senhora Passada, pois aqui estão muitos de seus antigos fregueses. Primeiro que tem aquele moço, o Mestre Pressi Pitadu, que veio parar aqui por causa de um suprimento de papel pardo e de gengibre velho, coisa de 197 libras, que ele revendeu por três libras na bucha. Também!, o gengibre naquele tempo não era mais coisa de primeira necessidade, porque as velhas todas já tinham morrido, e elas é que acreditavam que aquilo era *aflordisíaco*. Depois tem aqui o Mestre Pedi Valsa, por causa de um processo que quem apresentou a queixa foi o Mestre Mandi Veludo, o vendedor de panos e tecidos, porque ele não pagou quatro trajes de cetim cor de pêssego e agora está ele aí, fruto da denúncia, um mendigo amarrotado. E aqui temos o moço Dizie dos Dados e este outro moço aqui é o Mestre Jurasin Fundadas, e aqui o Mestre Ouropel, e aqui o Mestre Matade Fômius Servus, o homem de floretes e adagas, e aqui o jovem Fístulo Chagas, que matou o Flan, aquele sujeito bem reforçado. Aqui, Mestre Tirurreto, o lanceiro, e o corajoso Mestre Cadarção, um grande viajante, e o louco Médio Caneco, que matou a facadas o Barris, e acho que mais uns quarenta, todos eles grandes trepadores neste nosso ofício, e que agora estão aí, aos berros de "Pel'amor de Deus, uma ajudinha".

Entra Ascoso.

Ascoso – Homem, me traz aqui o Bernardino.

Pompeu – Mestre Bernardino, o senhor tem que se levantar e se apresentar pra ser enforcado. Mestre Bernardino!

Ascoso – Olá! Ei, Bernardino!

Bernardino *[de dentro]* – Que se infeccionem as gargantas de vocês! Quem é que faz tanta barulheira assim? Quem são vocês?

Pompeu – Seus amigos, sir. O carrasco. O senhor nos faça o favor de se apresentar para ser enforcado.

Bernardino *[de dentro]* – Fora daqui, seu escroto, vai embora daqui, que eu estou com sono.

Ascoso – Diga a ele que ele precisa acordar, e rápido.

Pompeu – Eu lhe peço, Mestre Bernardino, acorde e fique acordado até sua execução, que depois o senhor pode dormir.

Ascoso – Vá até lá e busque o sujeito.

Pompeu – Ele está vindo, sir, está vindo. Ouvi o barulho da palha.

Entra Bernardino.

Ascoso – O machado está no cepo, homem?

Pompeu – Prontinho, sir.

Bernardino – Mas então, Ascoso, quais são as novas?

Ascoso – Na verdade, sir, eu gostaria que o senhor se agarrasse com fervor, com força e em voz alta, às suas preces. Pois, olhe só, o mandado chegou.

Bernardino – Seu escroto, eu estive bebendo a noite inteira, não estou pronto para isso.

Pompeu – Ah, melhor assim, sir, pois quem bebe a noite inteira e é enforcado logo cedo da manhã pode dormir um sono mais profundo todo o dia seguinte.

Entra o Duque (disfarçado de frei).

Ascoso – Olhe aqui, sir, aí vem o seu pai espiritual. Ainda acha que estamos de brincadeira?

Duque – Sir, levado por minha caridade e informado de que o senhor está de partida e parte com pressa, vim para dar conselhos, consolar e rezar junto com o senhor.

Bernardino – Frei, comigo não. Bebi pesado a noite toda e quero ter mais tempo para me preparar. Porque senão vão precisar me arrancar os miolos do crânio a pauladas. Não concordo em morrer hoje, isso é certo.

Duque – Ah, sir, é preciso. E, portanto, eu lhe imploro: encare a jornada que o senhor tem pela frente.

Bernardino – Juro que não quero morrer hoje, e ninguém vai me convencer do contrário.

Duque – Mas, escute aqui...

Bernardino – Nem uma palavra. Se o senhor tem alguma coisa a me dizer, venha até a minha ala, pois de lá hoje eu não saio.

[Sai.]

Entra o Preboste.

Duque – Despreparado para viver e despreparado para morrer: um coração de pedra! Vão atrás dele, meus amigos, e tragam o sujeito para o cepo.

[Saem Ascoso e Pompeu.]

Preboste – E então, sir, o que achou do prisioneiro?

Duque – Uma criatura sem preparo para a morte, mal-equipada para a morte. E executá-lo, no estado de espírito em que se encontra, seria um ato condenável.

Preboste – Aqui na prisão, padre, morreu hoje de manhã, de uma febre cruel, um tal de Ragozine, notório pirata, um homem da mesma idade de Cláudio, cabelo e barba da mesma cor. E se nós desconsiderássemos esse depravado até que ele esteja disposto a morrer e oferecêssemos aos olhos do regente o rosto de Ragozine, que é mais parecido com o de Cláudio?

Duque – Ah, esse é um acidente que nos caiu dos céus. Envie a cabeça agora mesmo; está chegando a hora estipulada por Ângelo. Veja que tudo seja feito e a cabeça remetida de acordo com as ordens expressas, enquanto eu tento persuadir aquele abrutalhado a encarar a morte.

Preboste – Será feito, meu bom padre, e já. Mas Bernardino deve morrer hoje à tarde. E como vamos fazer para manter Cláudio vivo e eu fora de perigo, já que o meu risco é enorme se ficam sabendo que ele não foi executado?

Duque – Faça assim: ponha os dois em celas secretas, Bernardino e Cláudio. Antes de o sol saudar duas vezes em sua rotina os que recebem seu calor, o senhor terá garantias de sua segurança.

Preboste – Sou seu criado de livre e espontânea vontade.

Duque – Rápido, cumpra as ordens e envie a cabeça para Ângelo.

[Sai o Preboste.]

Agora vou eu escrever cartas para Ângelo, e o preboste vai entregá-las, e o conteúdo de minhas cartas darão testemunho de que estou próximo de casa e que por motivos de força maior faz-se necessário que eu adentre a cidade em cerimônia pública. Expresso meu desejo de que ele me encontre junto à fonte consagrada, distante uma légua da cidade. Desse encontro em diante, dispensaremos a Ângelo um tratamento distante e formal, a cada passo tornando-se mais e mais frio.

Entra o Preboste (com uma cabeça).

Preboste – Eis aqui a cabeça. Vou levá-la eu mesmo.

Duque – É o mais conveniente. Faça rápida a sua volta, pois desejo que o senhor comungue comigo de certas coisas que não quero escutadas por nenhum outro ouvido que não o seu.

Preboste – Serei o mais rápido possível.

[Sai.]

Isabella *[de dentro]* – Que a paz esteja neste lugar.

Duque – É a voz de Isabel. Veio para saber se o indulto do irmão já chegou. Mas eu a manterei desinformada do sucesso de sua boa ação, para que seu desespero seja reconfortado pelos céus quando ela menos esperar.

Entra Isabella.

Isabella – Olá, com licença.

Duque – Que você tenha um bom dia, bela e devota filha.

Isabella – Será bom e melhor ainda, uma vez que quem me saúda assim é um homem tão santo. O regente já enviou o indulto de meu irmão?

Duque – Ele o libertou, Isabel, deste mundo. Foi decapitado, e a cabeça enviada para Lorde Ângelo.

Isabella – Não, isso não é verdade!

Duque – É a única versão da verdade. Mostre sua sabedoria, filha, numa paciência muda.

Isabella – Ah, mas eu vou até ele e vou arrancar-lhe os olhos!

Duque – Você não será admitida à presença dele.

Isabella – Infeliz Cláudio, desventurada Isabel, aviltante mundo! Amaldiçoado, mil vezes amaldiçoado Ângelo!

Duque – Isso não prejudica a ele nem traz a você nenhum benefício. Portanto, controle-se, entregue sua causa aos céus. Atenção ao que eu digo, pois você verá que cada sílaba contém uma verdade: o Duque chega amanhã... Não, enxugue os olhos... Tenho provas que me foram dadas por um religioso de nosso mosteiro e confessor do Duque. Ele já levou a notícia para Escalo e Ângelo, que se preparam para encontrar o Duque nos portões da cidade, para ali mesmo passarem a ele o comando. Se você conseguir frear e guiar a sua sabedoria para aquele bom caminho aonde eu quero que ela vá, o resultado será, graças ao Duque, o que você almeja nesta situação de desgraça: seu coração será vingado, e a honra, restaurada.

Isabella – Me deixo guiar pelo senhor, frei.

Duque – Então entregue esta carta ao Frei Peter; é a carta que ele me enviou, sobre o retorno do Duque. Diga que isto é prova de meu convite para que ele compareça hoje à noite à casa de Mariana. Informarei a ele as causas de vocês duas, e ele levará você à presença do Duque, e você, frente a frente com Ângelo, vai acusá-lo em detalhes de tudo o que se passou. Quanto a mim, estou comprometido por um voto secreto, e minha pobre pessoa estará ausente. Agora vá com esta carta. Controle essas águas erosivas que correm dos seus olhos com o coração leve. Se eu redirecionar o curso de suas ações, nunca mais confie em ninguém de minha sagrada ordem. Quem vem lá?

Entra Lúcio.

Lúcio – Boa tarde. Meu bom frei, onde está o preboste?

Duque – Aqui dentro ele não está, sir.

Lúcio – Ah, linda Isabella, sinto empalidecer o meu coração em ver teus olhos tão vermelhos. Precisas ter paciência. Eu me sinto resignado em ficar a farelo e água, no almoço e no jantar. Para salvar a cabeça, não me atrevo a encher a barriga, pois uma refeição mais abundante me colocaria propenso a libertinagens. Mas dizem que o Duque chega amanhã. Por minha fé, Isabel, eu gostava muito do teu irmão. Se o nosso velho imaginativo Duque que gosta de se esconder em cantos escuros tivesse ficado em casa, Cláudio estaria vivo.

[Sai Isabella.]

Duque – Sir, o Duque é bem pouco agradecido aos seus relatos. Mas o melhor é que a vida dele não acontece assim como o senhor nos relata.

Lúcio – Frei, tu não conheces o Duque tão bem quanto eu. Ele pega o mulherio e manda ver, bem mais do que o senhor imagina.

Duque – Bem, você um dia vai responder por essas suas palavras. Passar bem.

Lúcio – Não, espera aí, eu vou junto contigo. Posso te contar poucas e boas do Duque.

Duque – Você já me contou muitas e demais, sir, no caso de ser verdade. E, se não é verdade, bastaria não me contar nenhuma.

Lúcio – Eu já estive uma vez na presença do Duque. Por ter engravidado uma moça.

Duque – E você fez isso?

Lúcio – Mas claro que sim. Mas eu me contentei em negar tudo sob juramento, porque senão me obrigavam a casar com aquela vagabunda podre de fácil.

Duque – Sir, sua companhia é mais simpática que honesta. Passar bem.

Lúcio – Por minha fé, eu vou contigo até o fim da rua. Se o senhor se ofende com uma conversa de safadezas, então se fala pouco sobre isso. Não, frei, eu sou tipo carrapato, eu grudo e não largo.

[Saem.]

CENA IV

Entram Ângelo e Éscalo.

ÉSCALO – Cada carta que ele escreveu desdiz a anterior.

ÂNGELO – E de maneira a mais errática e confusa. As ações dele mostram muita semelhança com atos de loucura. Queiram os céus que não esteja se debilitando nele o discernimento das coisas. E por que encontrá-lo nos portões da cidade e lá mesmo desfazer a troca do uso da autoridade?

ÉSCALO – Eu nem imagino.

ÂNGELO – E por que deveríamos nós proclamar, com folga de no mínimo uma hora antes da chegada dele, que todos que desejam a reparação de alguma injustiça devem apresentar formalmente suas petições em público?

ÉSCALO – Ele apresenta seus motivos para isso: dar despacho sumário a todas as queixas e livrar-nos de posteriores dispositivos legais que possam armar contra nós, que assim ficam desde logo sem valor.

ÂNGELO – Está bem. Eu lhe peço que se faça a proclamação logo cedo da manhã. Vou procurar pelo senhor em sua casa. Informe a todos os homens do alto escalão que devem ir ao encontro dele.

ÉSCALO – Farei isso, sir. Passe bem.

ÂNGELO – Boa noite.

[Sai Éscalo.]

Esse ato me deixa mole, me deixa apático e desanimado para todos os necessários procedimentos. Uma virgem deflorada; e justo por um eminente membro do governo que impôs o cumprimento da lei contra esse mesmo ato?

Não fosse a delicadeza machucada de uma vergonha que a impede de gritar contra a perda da virgindade, não poderia ela usar a língua para me denunciar? E, no entanto, a razão a convida a manter-se imobilizada, pois é de tão reconhecido calibre a minha autoridade que nenhum escândalo pode tocá-la sem envolver o denunciante. Cláudio deveria estar vivo, mas sua juventude dissoluta, com sua perigosa e aguçada percepção, poderia mais adiante buscar vingança por haver recebido uma vida desonrada, dada a vergonha de como foi resgatado da morte. Ainda assim, meu desejo é que ele estivesse vivo. Ai de mim! Uma vez esquecida nossa dignidade, nada dá certo. Não fazemos o bem que gostaríamos de ter feito e praticamos o mal, coisa que não nos agrada.

[Sai.]

CENA V

Entram o Duque (em seus trajes de realeza) e Frei Peter.

Duque – Estas cartas, no momento adequado, quero que as entregue para mim. O preboste sabe de nosso propósito e de nossa trama. Já que as providências estão sendo tomadas, siga as suas instruções e mantenha-se firme, sem vacilar, na busca de nosso intento, ainda que às vezes você se desvie de uma coisa para atender outra, conforme o caso. Vá até a casa de Flávio e diga a ele onde estou. Dê a mesma notícia para Valêncio, Rolando e Crasso e peça a eles que tragam os trombeteiros até os portões da cidade. Mas primeiro mande Flávio ao meu encontro.

Frei Peter – Tudo será feito como o senhor diz e com rapidez.

[Sai.]

Entra Várrio.

Duque – Eu te agradeço, Várrio, tu foste rápido. Vem, vamos caminhando. Outros de nossos amigos vão chegar para aqui nos saudar em breve, meu bom Várrio.

[Saem.]

CENA VI

Entram Isabella e Mariana.

Isabella – Detesto falar tantas mentiras. Prefiro dizer a verdade, mas esta é a sua parte: acusá-lo. E, no entanto, sou orientada a fazer isto, me disse ele, para disfarçar nosso propósito.

Mariana – Deixe-se guiar por ele.

Isabella – Além disso, ele me disse que, se por acaso ele falar contra mim e a favor do lado adversário, não devo estranhar, pois é um remédio amargo para um final de muita doçura.

Entra Frei Peter.

Mariana – Eu gostaria que o Frei Peter...

Isabella – Silêncio, o frei chegou.

Frei Peter – Venham, vamos. Encontrei o local mais conveniente onde vocês devem se colocar, onde necessariamente serão notadas pelo Duque. Duas vezes já tocaram os trombeteiros. Os cidadãos mais bem-nascidos e mais dignos já chegaram aos portões da cidade e logo, logo o Duque chega. Portanto, vamos daqui, embora.

[Saem.]

QUINTO ATO

CENA I

Entram o Duque (em seus trajes de realeza), Várrio, Lordes, Ângelo, Éscalo, Lúcio, Preboste, Oficiais, Cidadãos, todos saídos de diferentes portas.

Duque – Meu mui valoroso e nobre par, que bom encontrá-lo. Nosso velho e fiel amigo, ficamos feliz em vê-lo.

Ângelo e **Éscalo** – Tenha Sua Real Graça um feliz regresso.

Duque – Muito agradecemos, de coração, aos dois. Nós nos informamos sobre os senhores e ouvimos falar de tanta bondade na justiça de suas decisões que nossa alma não pode deixar de colocá-los à disposição dos agradecimentos públicos antes de proceder no sentido de recompensá-los.

Ângelo – O senhor torna assim ainda maiores os meus agradecimentos.

Duque – Ah, o seu merecimento fala alto, e eu estaria sendo injusto se aprisionasse o seu mérito no claustro desse peito encoberto quando ele merece, com indicadores de bronze, residência fortificada contra as mordidas do tempo e os embotamentos do olvido. Vamos, me dê a sua mão, e que os nossos súditos vejam, para que eles saibam que as cortesias aparentes almejam proclamar considerações que guardamos dentro de nós. Vamos, Éscalo, você deve caminhar ao nosso lado, a sua mão em nossa outra mão. Vocês os dois são bons suportes, como num brasão real.

Entram Frei Peter e Isabella.

Frei Peter – Esta é a sua hora. Fale alto e ajoelhe-se diante dele.

Isabella – Justiça, real Duque! Baixe o seu olhar, senhor, sobre uma injustiçada. De bom grado eu teria dito "uma donzela". Ah, valoroso príncipe, não desonre o seu olhar erguendo-o para qualquer outro objeto até que o senhor tenha me escutado em minha verdadeira queixa e tenha me concedido justiça, justiça, justiça, justiça!

Duque – Relate as injustiças de que foi vítima: o que lhe fizeram? Quem? Seja breve. Aqui está Lorde Ângelo, e ele fará justiça. Revele suas queixas a ele.

Isabella – Ah, valoroso Duque, o senhor me pede que eu procure redenção com o diabo. Escute-me o senhor mesmo, pois o que preciso contar significa punição para mim se não me acreditarem, e do contrário significa forçosa reparação de sua parte. Escute-me, ah, escute-me, aqui, agora!

Ângelo – Milorde, receio que ela não esteja em seu juízo perfeito. Ela tem me procurado, sempre implorando pelo irmão, executado ele de acordo com os procedimentos exigidos pela justiça.

Isabella – Exigidos pela justiça!

Ângelo – Ela vai falar de maneira amarga e bizarra.

Isabella – De maneira bizarra, sim, mas também contando toda a verdade. Não é bizarro dizer que Ângelo faz juramentos falsos? Não é bizarro dizer que Ângelo é um assassino? Que Ângelo é um ladrão adúltero, um hipócrita, um violentador de virgens, não é isso tudo ainda mais bizarro?

Duque – Dez vezes bizarro.

Isabella – Tão verdade quanto o fato de ele ser Ângelo é o fato de que isso tudo é tão verdadeiro quanto é bizarro. Dez vezes verdadeiro, pois a verdade é a verdade, sem apelação.

Duque – Levem-na daqui. Pobre alma, fala assim por estar com o juízo afetado.

Isabella – Ah, príncipe, eu peço, imploro e suplico: se o senhor acredita que existe conforto fora deste nosso mundo terreno, não me desconsidere com essa opinião de que estou tomada pela loucura. Não considere impossível o que simplesmente parece improvável. Não é impossível que o mais infame dos canalhas aqui na terra possa parecer tão reservado, sério, justo e perfeito como Ângelo. Do mesmo modo, não é impossível que Ângelo, com todos os seus pomposos trajes de regente, insígnia, títulos e formalidades, possa ser um arquivilão. Acredite, real príncipe: se ele é menos pior, ele é um nada; mas ele é mais ainda, e me faltam palavras para descrever tanta ruindade.

Duque – Por minha honestidade, se ela está louca (e não acredito em outra hipótese), a loucura dessa jovem tem uma peculiar linha de raciocínio: uma coisa encadeia-se com lógica na outra, e ela fala como nunca ouvi falar um louco.

Isabella – Ah, gentil Duque, não se fixe nesse ponto. Também não expulse a razão em favor da desigualdade, mas deixe que a razão lhe sirva para fazer com que a verdade apareça onde parece estar escondida e esconda o falso que parece verdadeiro.

Duque – Muitos que não são loucos certamente têm um raciocínio menos lógico. O que você deseja relatar?

Isabella – Sou a irmã de um certo Cláudio, condenado a perder a cabeça por uso criminoso da fornicação, condenado por Ângelo. Eu, em período de noviciado, fui chamada por meu irmão. Um certo Lúcio foi então o mensageiro...

Lúcio – Este sou eu, com a licença de Sua Graça. Fui até ela a pedido do irmão e insisti com ela que tentasse a sorte do destino com Lorde Ângelo em prol de obter o perdão para o pobre Cláudio.

Isabella – É ele mesmo, realmente.

Duque *[dirigindo-se a Lúcio]* – Você não foi requisitado a falar.

Lúcio – Não, meu bom lorde, mas não achei que estivesse obrigado a me calar.

Duque – Pois então agora desejo que se cale. Peço que observe o seguinte: quando tiver de se pronunciar por uma causa sua, peça aos céus que você o faça com perfeição.

Lúcio – Disso lhe dou a minha garantia, Sua Graça.

Duque – Guarde para si a sua garantia e fique de olho nela.

Isabella – Esse cavalheiro adiantou um pouco da minha história.

Lúcio – Certo.

Duque – Pode estar certo, mas você está errado, falando quando ainda não lhe foi dada a palavra. Prossiga.

Isabella – Fui até esse seu representante, homem vil e ofensivo...

Duque – Isso está dito de modo um tanto tresloucado.

Isabella – Perdão, mas a escolha de palavras é relevante ao assunto.

Duque – Boa resposta. Vamos ao que é relevante. Prossiga.

Isabella – Para resumir, deixo de lado as partes desnecessárias da história, de como falei para persuadi-lo, como implorei e me ajoelhei, como ele se negou a me atender e como eu retruquei (pois isso foi tudo muito longo). A conclusão nefasta é o que eu agora começo a relatar, com grande dor e com vergonha. Só com o presente do meu casto corpo entregue à luxúria destemperada e libidinosa dele é que meu irmão seria libertado. E foi só depois de muito me debater comigo mesma que minha compaixão de irmã refutou minha honra e cedi. Mas logo cedo na manhã seguinte, saciado ele em seu propósito, envia um mandado pedindo a cabeça de meu pobre irmão.

Duque – Sim, é plausível!

Isabella – Antes fosse tão plausível quanto é verdadeiro.

Duque – Pelos céus, sua infeliz destrambelhada, tu não sabes o que dizes. Ou então tu foste subornada para atentar contra a honra de Ângelo numa trama odiosa. Em primeiro lugar, a integridade dele impõe-se, sem falhas. Depois, não faz o menor sentido que com tanta veemência fosse perseguir e punir crimes cometidos por ele mesmo. Se ele tivesse incorrido em tal ofensa contra ti, teria julgado o teu irmão por seus próprios critérios e não teria dado ordem para a execução. Alguém a enganou, senhorita. Agora confessa a verdade e diz por instrução de quem tu estás aqui prestando queixa.

Isabella – Isso é tudo? Ah, mas então que os abençoados anjos no alto me deem paciência e com o amadurecer do tempo revelem o mal aqui presente, embrulhado em privilégios. Que os céus protejam Sua Graça do infortúnio, enquanto eu, injustiçada e desacreditada, me retiro.

Duque – Você de bom grado gostaria de se retirar. Um oficial aqui! Prisão para ela! Devemos então permitir que desabe um discurso explosivo e escandaloso sobre alguém tão próximo de nós? Só pode ser algo tramado. Quem sabia de seu intento em vir até aqui?

Isabella – Uma pessoa que eu gostaria que estivesse aqui: Frei Ludovico.

Duque – Um pai espiritual, ao que parece. Alguém aqui conhece esse Ludovico?

Lúcio – Milorde, eu conheço. Um frei intrometido, não gosto dele. Fosse homem leigo, milorde, por certas palavras que usou contra Sua Graça durante o seu afastamento da corte, eu tinha espancado o sujeito.

Duque – Palavras contra mim? É um bom frei, ao que parece. Mas colocar esta pobre coitada aqui contra o nosso representante! Que se encontre esse frei.

Lúcio – Mas noite passada, milorde, ela e esse frei, eu vi os dois na prisão. Um frei insolente, um sujeito bem nojentinho.

Frei Peter – Abençoada seja Sua Graça Real. Estou a tudo assistindo do meu canto, milorde, e ouvi os abusos que cometeram contra o seu real ouvido. Primeiro, esta mulher acusou injustamente o seu substituto, homem que jamais a tocou, nem com ela se entregou à devassidão. Assim como ela é tão imaculada como qualquer um antes de nascer.

Duque – É exatamente o que pensamos. O senhor conhece esse Frei Ludovico de quem ela fala?

Frei Peter – Sei que é um homem divino e santo, não tem nada de nojento, nem se intromete em questões mundanas, como nos relatou esse cavalheiro. E dou minha palavra: é homem que nunca, jamais, como este aqui garante, falou mal de Sua Graça.

Lúcio – Milorde, com as palavras mais canalhas, o senhor pode acreditar.

Frei Peter – Bem, ele ainda pode vir a se explicar pessoalmente. Mas, agora neste instante, ele está adoentado, milorde, com uma febre desconhecida. No que ficou sabendo que havia a intenção de uma queixa contra Lorde Ângelo, ele me pediu pessoalmente que aqui viesse para ser seu porta-voz a fim de dizer o que ele sabe ser verdadeiro e o que ele sabe ser falso e o que ele, sob juramento e com provas, promete esclarecer no momento em que for intimado a tal. Primeiro, em relação a esta mulher e para justificar este valoroso e nobre cavalheiro, pessoal e publicamente acusado, o senhor vai escutar como ela será visivelmente desmentida. Até que ela mesma confesse.

[Sai Isabella, sob escolta.]

Duque – Meu bom frei, vamos ouvir o que tem a dizer. Você não sorri diante disso, Lorde Ângelo? Ah, céus, a vaidade dos loucos infelizes. Providenciem alguns lugares para nos sentarmos. Vamos, primo Ângelo. Vou ser imparcial. Deixo que você seja o juiz de sua própria causa.

Entra Mariana (usando um véu).

Essa é a testemunha, frei? Primeiro, que ela mostre o rosto, para depois fazer uso da palavra.

Mariana – Perdão, milorde, não vou mostrar o rosto até que meu marido o peça.

Duque – Ora, você é casada?

Mariana – Não, milorde.

Duque – Você é donzela?

Mariana – Não, milorde.

Duque – Viúva, então?

Mariana – Também não, milorde.

Duque – Mas então você não é nada. Nem donzela, nem viúva, nem esposa?

Lúcio – Milorde, ela pode ser uma prostituta, porque muitas delas não são nem donzelas, nem viúvas, nem esposas.

Duque – Façam calar esse sujeito. Preferia que ele tivesse uma causa própria a defender com tanto palavrório.

Lúcio – Está bem, milorde.

Mariana – Milorde, confesso que nunca me casei e confesso além disso que não sou moça donzela. Já me deitei com meu marido, e no entanto o meu marido não sabe que já se deitou comigo.

Lúcio – Então ele estava bêbado, milorde. Está explicado.

Duque – Por um minuto de silêncio, me agradaria que tu estivesses bêbado.

Lúcio – Está bem, milorde.

Duque – Essa não é uma testemunha a favor de Lorde Ângelo.

Mariana – Agora vou chegar no ponto, milorde. A mulher que acusa Lorde Ângelo de fornicação está da mesma maneira acusando meu marido e coloca o crime em tal hora que posso depor que naquela hora ele estava em meus braços com todas as manifestações do amor.

Ângelo – Ela está acusando outros além de mim?

Mariana – Não que eu saiba.

Duque – Não? Você diz o seu marido?

Mariana – Exatamente, milorde, pois o meu marido é Ângelo, que pensa que nunca se deitou comigo nem conheceu o meu corpo, mas sabe (isto é o que ele pensa) que se deitou com Isabel e conhece o corpo dela.

Ângelo – Isso é uma fraude, e muito esquisita. Vamos ver o teu rosto.

Mariana *[retirando o véu]* – Já que o meu marido pede, agora descubro o rosto. Este é aquele rosto, Ângelo de crueldade, que uma vez tu juraste que valia a pena contemplar. Esta é a mão que se entrelaçou com a tua diante de um contrato de casamento. Este é o corpo que livrou Isabel do compromisso e satisfez o teu no lugar de encontros amorosos do teu jardim; este é o corpo que fez as vezes dela, a pessoa imaginada.

Duque – Você conhece essa mulher?

Lúcio – Em relação carnal, foi o que ela disse.

Duque – Sujeitinho... Basta!

Lúcio – Já chega, milorde.

Ângelo – Milorde, devo confessar que conheço essa mulher, e faz cinco anos houve entre nós uma conversa de casamento; que não foi adiante, em parte porque o dote prometido dessa noiva era insuficiente, mas principalmente porque sua reputação (de leviana) ficou sem valor. Neste intervalo de cinco anos nunca falei com ela, nunca a vi, nem tive notícias dela, e isso eu digo e afirmo por minha fé e por minha honra.

Mariana – Nobre príncipe, assim como a luz vem do céu e as palavras vêm da respiração, assim como a verdade faz sentido e a virtude é verdadeira, sou, por noivado, mulher desse homem, tão certo quanto são as palavras que fazem os votos de casamento. E, meu bom Duque, foi recém agora, na noite de terça-feira, na cabana do jardim dele, que ele me teve na cama. Esta é a verdade, e por ela eu lhe peço permissão para erguer-me desta posição ajoelhada. Do contrário, que eu fique para sempre assim, em estátua de mármore transformada.

Ângelo – Tudo o que fiz até agora foi sorrir. Agora, meu bom lorde, me dê todo o escopo da justiça, pois aqui tenho ferida a minha paciência. Percebo que essas pobres insensatas mulheres não passam de instrumentos de algum membro mais poderoso do governo que as está conduzindo. Peço permissão, milorde, para descobrir essa trama.

Duque – Sim, de coração. E que você dê a eles punição de seu agrado. Esse frei desmiolado, e tu, mulher perniciosa, em conluio com aquela outra, pensas que os teus juramentos, embora queiram invocar todos e cada um dos santos em particular, poderiam ser testemunhas contra a honra de Ângelo e a credibilidade da qual já se provou merecedor? O senhor, Lorde Éscalo, tome assento junto ao meu primo, ofereça a ele o seu generoso esforço para descobrir o que há por trás desse abuso, de onde se deriva. Tem um outro frei que incitou essas pessoas; que ele seja encontrado.

Frei Peter – Quisera eu ele estivesse aqui, milorde, pois ele de fato incitou as mulheres a prestarem essa queixa. O seu preboste conhece o lugar onde ele mora e pode ir buscá-lo.

Duque – Vá, vá logo.

[Sai o Preboste.]

E você, meu nobre primo de notória honradez, a quem compete ouvir e analisar a queixa em todos os seus detalhes e até o fim, sinta-se à vontade para dar a punição que lhe parecer melhor às suas injúrias. Eu vou me retirar por alguns instantes. Quanto a vocês, não se arredem daqui enquanto não tiverem decidido o que fazer com esses difamadores.

Éscalo – Milorde, vamos proceder minuciosamente.

[Sai o Duque.]

Signior Lúcio, o senhor não disse que sabia que Frei Ludovico era pessoa desonesta?

Lúcio – *Cucullus non facit monachum*, "o hábito não faz o monge". Aquele, de honesto, só tem o hábito. E ainda por cima usou da palavra para falar mal do Duque.

Éscalo – Vamos pedir a você que permaneça aqui até ele chegar, para repetir as palavras dele diante do canalha. Vamos descobrir que esse frei é um farsante.

Lúcio – Mais que qualquer outro em Viena, dou minha palavra.

Éscalo – Chamem aqui, uma vez mais, aquela Isabel. Quero falar com ela.

[Sai um Serviçal.]

Eu lhe peço, milorde, que me dê licença para interrogá-la. O senhor vai ver como lido com ela.

Lúcio – Pelo próprio relato dela, não vai ser melhor que ele.

Éscalo – O que disse?

Lúcio – Realmente, sir, acho que, se o senhor vai lidar com ela em particular, ela vai preferir confessar e, quem sabe, talvez em público fique envergonhada.

Entram o Duque (disfarçado de frei), o Preboste e Isabella (sob escolta).

Éscalo – Vou manejar essa aí sob os panos.

Lúcio – Esse é o caminho, já que as mulheres são mais levianinhas no escuro.

Éscalo – Ora, vamos, senhorita, aqui temos uma nobre mulher que nega tudo que você disse.

Lúcio – Milorde, aí vem o cafajeste que mencionei. Chegando aí com o preboste.

Éscalo – Em boa hora. Não converse nada com ele até você ser chamado.

Lúcio – Hmm.

Éscalo – Diga, sir: incitou esses mulheres a difamar Lorde Ângelo? Elas confessaram que sim.

Duque – É mentira.

Éscalo – Como é que é? O senhor sabe onde está?

Duque – Meus respeitos a este seu imponente lugar. E que o diabo seja às vezes reverenciado por seu trono em chamas. Onde está o Duque? Ele é quem deveria me ouvir.

Éscalo – A autoridade do Duque está em nós, e vamos ouvi-lo. Certifique-se de falar com precisão.

Duque – No mínimo, com certeza. Mas, ah, pobres almas, vocês vêm procurar os cordeiros no meio das raposas? Podem dar adeus a qualquer assistência. O Duque foi embora? Então a sua causa também, não tem volta. O Duque foi injusto ao redirecionar dessa maneira o seu apelo óbvio por justiça, colocando o seu julgamento na boca do bandido que vocês aqui vieram acusar.

Lúcio – Esse é o canalha, esse é o tal de quem eu falei.

Éscalo – Ora, seu fradezinho irreverente e cheio de sacrilégios! Não bastava ter subornado essas mulheres para que acusassem este valoroso homem? Precisava abrir a boca imunda e chamá-lo de bandido, e com os ouvidos dele mesmo por testemunha? E, além disso, usar o mesmo palavrório que o atinge para atingir também a pessoa do Duque, taxando-o de injusto? Levem-no daqui para o ecúleo! Vamos destroçar você junta por junta. Mas descobriremos o propósito dele! E então? Injusto?

Duque – Não se inflame tanto. O Duque não se atreve a desconjuntar este meu dedo mais do que ousaria esticar até sair do lugar um dedo dele. Não sou súdito do Duque, e esta daqui não é a minha diocese. Os meus negócios aqui nestas terras fizeram de mim um observador de Viena, onde vi a corrupção ferver e borbulhar até o ponto de se derramar o caldo. Leis para todo tipo de crime, mas crimes tão acobertados que os estatutos são lidos como as listas de punições que aparecem nas barbearias: mais fazem rir do que metem medo.

Éscalo – Difamando o Estado! Levem-no já para a prisão!

Ângelo – O que o senhor pode nos afirmar com certeza contra ele, Signior Lúcio? É este o homem de quem o senhor nos falou?

Lúcio – É ele, milorde. Venha cá, seu Zé da Careca de Frade. O senhor está me reconhecendo?

Duque – Eu me lembro do som de sua voz, sir. Nós nos encontramos na prisão, na ausência do Duque.

Lúcio – É mesmo? E o senhor está lembrado do que disse a respeito do Duque?

Duque – Lembro em todos os detalhes, sir.

Lúcio – É mesmo? E o Duque era um fornicador, um desmiolado e um covarde, bem como você me disse na ocasião?

Duque – É preciso, sir, que o senhor troque de lugar comigo, antes de fazer minhas as palavras deste seu relato. Na verdade, foi você quem falou assim do Duque, e mais outro tanto, bem pior.

Lúcio – Ah, tu, seu sujeitinho desgraçado! Não te puxei pelo nariz por causa do teu discurso?

Duque – Tenho a declarar que tenho tanto amor ao Duque como a mim mesmo.

Ângelo – Escutem só como o canalha direciona a conclusão, depois de seus abusos de traidor.

Éscalo – Um sujeito desses não é pessoa que mereça sequer conversar conosco. Levem-no já para a prisão. Onde está o preboste? Já com ele daqui para a prisão. Que fique sob ferrolhos, muitos ferrolhos. Que não possa mais se pronunciar. Levem embora daqui também essas doidas, e com elas os outros cúmplices.

[O Preboste põe as mãos no Duque.]

Duque – Espere, sir, espere um momento.

Ângelo – Mas, o quê? Ele resiste à ordem? Ajude aqui, Lúcio!

Lúcio – Vamos, sir, vamos, sir, vamos, sir! Mas o que é isso? Ora, seu careca de rodelinha, seu cafajeste mentiroso, será que agora vamos ter que encapuzar o senhor, é? Mostre a sua cara de canalha, e que a peste te cubra de pústulas! Mostre o rosto escuso, furtivo, que a forca te espera! Isto aqui não quer sair?

[Ele puxa o capuz do Frei e descobre o Duque.]

Duque – Tu és o primeiro canalha da história a produzir um duque! Antes de tudo, preboste, deixe-me libertar sob fiança estas três nobres criaturas... *[Dirigindo-se a Lúcio:]* Não, sir, não vai se escapar, pois o frei e o senhor precisam trocar uma palavrinha daqui a pouco. – Agarrem-no!

Lúcio – Isso pode ser pior que a forca.

Duque *[dirigindo-se a Éscalo]* – O que o senhor falou, eu perdoo. Sente-se. Nós tomaremos emprestado o lugar deste aqui. *[Dirigindo-se a Ângelo:]* Sir, com licença. Tu ainda tens palavra ou esperteza ou impudência que te possam socorrer de alguma maneira? Se tens, agarra-te nelas, então escuta minha história até o fim e nem tentes dar continuidade.

Ângelo – Ah, meu destemido lorde, eu seria mais culpado que minha própria culpa, se pensasse que poderia ficar acobertado quando percebo que Sua Graça, como divino poder, sabia de todos os meus maus passos. Então, meu bom príncipe, não presida sessão ainda mais longa sobre minha vergonha, mas permita que o meu julgamento seja minha própria confissão. Depois, sentença imediata e a morte consequente, é toda a misericórdia que imploro.

Duque – Venha cá, Mariana. – Agora me diz: tinhas tu um contrato de casamento com esta mulher?

Ângelo – Tinha, milorde.

Duque – Vá, leve ela daqui e case-se com ela imediatamente. Ministre o sacramento, frei. Depois de consumada a cerimônia, traga-o de volta. Vá com ele, preboste.

[Saem Ângelo, Mariana, Frei Peter e o Preboste.]

Éscalo – Milorde, estou mais surpreso por essa desonra que pela estranheza da coisa em si.

Duque – Venha cá, Isabel. O seu frei agora é o seu príncipe. Como eu fui antes, dando instruções e me devotando ao seu assunto, sem mudança de coração apesar da mudança de trajes. Ainda estou ao seu serviço, um defensor de sua causa.

Isabella – Ah, me perdoe por eu, súdita de Sua Graça, lhe ter ocupado e dado trabalho, posto que não o conhecia.

Duque – Você está perdoada, Isabel. E agora, querida donzela, seja você igualmente generosa conosco. A morte de seu irmão, eu sei que pesa em seu coração, e você pode estar perplexa com o fato de eu ter me eclipsado no esforço de salvar-lhe a vida em vez de ter revelado logo o meu poder oculto para que não se perdesse a vida dele. Ah, generosa donzela, foi a pressa veloz da morte dele, que eu pensava viria a passos mais lentos, o que aniquilou meu propósito. Mas... que a paz esteja com ele. A melhor vida é aquela que, uma vez passado o medo da morte, não vive para ter medo; faça disso o seu consolo, pois feliz está o seu irmão.

Isabella – Sim, milorde.

Entram Ângelo, Mariana, Frei Peter e o Preboste.

Duque – Este recém-casado que agora se aproxima, cuja imaginação despudorada ainda por cima fez mal à sua bem-defendida honra, a senhorita deve perdoá-lo, pelo bem de Mariana. Mas, como ele condenou à morte o seu irmão, tornou-se duplamente criminoso: atentou contra a sua sagrada castidade e quebrou a consequente promessa que lhe fez de preservar a vida de Cláudio. É a própria clemência da lei que grita em alto e bom tom na boca deste mesmo juiz: morte por morte! Um Ângelo por um Cláudio! A pressa sempre recompensa a pressa, e com morosidade é que se responde à morosidade. Uma coisa só fica quite com coisa igual, sempre medida por medida. Então, Ângelo, aí tens o teu crime assim manifestado. Não te trará nenhuma vantagem tentar negá-lo. Nós te condenamos ao mesmo cepo onde Cláudio inclinou-se para a morte, e com pressa igual. Levem-no daqui.

Mariana – Ah, bondoso lorde entre os mais bondosos, espero que o senhor não tenha feito de mim uma piada ao me dar um marido!

Duque – Foi o seu marido que fez de você uma piada com um marido. Aconselhando e consentindo com a salvaguarda da sua honra, pensei que o mais apropriado seria casá-la. Do contrário, a reputação pela qual ele a teve no leito poderia manchar a sua vida e asfixiar os seus benefícios futuros. Pois as posses dele, embora sejam nossas por confisco, nós as doamos todas para que você as use como dote de viúva, no sentido de lhe comprar um marido melhor.

Mariana – Ah, meu caro lorde, eu não quero outro homem, nem melhor.

Duque – Deixe de querê-lo. Nossa decisão é definitiva.

Mariana – Meu nobre suserano... *[ajoelhando-se]*

Duque – Seu esforço é em vão. Levem-no daqui para a morte. *[Dirigindo-se a Lúcio:]* Agora, sir, vamos a nós.

Mariana – Ah, meu bom lorde! Isabel, querida, tome o meu partido, me empreste os seus joelhos também, e toda a minha vida futura eu a emprestarei para servir a você.

Duque – Você vai contra o bom-senso, senhora, e está importunando Isabel. Se ela se ajoelhasse por misericórdia diante deste fato, o fantasma do irmão quebraria a cama pavimentada onde jaz e a levaria daqui, horrorizado.

Mariana – Isabel! Isabel, querida, ainda assim, ajoelhe-se comigo, erga as mãos, não diga nada; eu me encarrego de falar. Dizem que os melhores homens são moldados a partir de seus erros, e, para a maioria deles, faz muito bem ser um pouco ruim. Pode ser um desses o meu marido. Ah, Isabel! Você não quer me emprestar os seus joelhos?

Duque – Ele morre pela morte de Cláudio.

Isabella *[ajoelhando-se]* – Senhor de extraordinária generosidade, olhe para este homem condenado, se for do seu agrado, sir, como se o meu irmão ainda estivesse vivo. Em parte, penso que uma sinceridade suficiente governou seus atos até o momento em que ele me viu. Se é assim, não deixe que ele morra. Meu irmão recebeu a justa pena, visto que ele cometeu o ato pelo qual veio a morrer. Quanto a Ângelo, o ato cometido não alcançou a má intenção, e deve ser enterrado como uma intenção apenas, que pereceu no meio do caminho. Os pensamentos não são concretos, não são os súditos de um príncipe, e as intenções não passam de pensamentos.

Mariana – Pensamentos, milorde.

Duque – Seu pedido é inútil. Ordeno que se levantem. Eu agora me recordo de um outro problema: preboste, por que Cláudio foi decapitado a uma hora incomum?

Preboste – Tivemos ordens para tanto.

Duque – O senhor tinha um mandado especial para o ato?

Preboste – Não, meu bom lorde. A ordem veio por meio de uma mensagem particular.

Duque – Por isso, o senhor está demitido de seu cargo. Entregue-me as suas chaves.

Preboste – Peço que me perdoe, nobre lorde. Cheguei a pensar que aquilo fosse um problema, mas não tinha certeza. Depois de alguma deliberação, no entanto, me arrependi. Testemunha disso é que conservei vivo um sujeito na prisão que por ordem particular também deveria ter morrido.

Duque – Quem é ele?

Preboste – O nome é Bernardino.

Duque – Quisera eu tivesses feito o mesmo por Cláudio. Vá buscá-lo. Quero ver o sujeito.

[Sai o Preboste.]

Éscalo – É de lamentar que homem tão letrado e tão sábio quanto o senhor sempre pareceu ser, Lorde Ângelo, tenha escorregado de modo tão grosseiro, tanto na quentura do sangue quanto, depois, na falta de discernimento.

Ângelo – Eu sinto muito estar causando tanto sofrimento, e tão fundo isso se crava no meu coração penitente que desejo menos a misericórdia que a morte. Dela sou merecedor e por ela eu suplico.

Entram Bernardino, Preboste, Cláudio (com a cabeça encoberta) e Julieta.

Duque – Quem é esse Bernardino?

Preboste – Este, milorde.

Duque – Conheci um frei que me falou desse sujeito. Homem, dizem que tu tens uma alma refratária que não percebe nada além deste mundo, e de acordo com isso moldas a tua vida. Tu estás condenado à morte. Mas, quanto a essas tuas faltas mundanas, eu as declaro remidas e te peço que tomes este meu ato de misericórdia como ponto de partida para providenciares um futuro melhor. Frei, aconselhe o sujeito, eu o deixo em suas mãos. – Quem é esse de cabeça encoberta?

Preboste – Este é um outro prisioneiro que salvei, que deveria ter morrido quando Cláudio perdeu a cabeça; e tão parecido com ele como o próprio Cláudio ele mesmo. *[Descobre a cabeça de Cláudio.]*

Duque *[dirigindo-se a Isabella]* – Se ele parece com seu irmão, por Cláudio ele tem o nosso perdão; e por você, adorável criatura, me dê a sua mão e diga que aceita ser minha, e ele passa a ser meu irmão também. Mas teremos momento mais apropriado para isso. Com o que temos aqui, Lorde Ângelo já percebeu que está salvo. A mim me parece que vejo um lampejo de ânimo em seu olhar. Bem, Ângelo, o mal que o acompanhava agora o abandona. Trate de amar a sua mulher. A honra dela é a sua honra. Encontro em mim mesmo uma inclinação a perdoar. E, no entanto, eis aqui um sujeito em posição que não posso perdoar. *[Dirigindo-se a Lúcio:]* Você, homem, que me tinha por um bobalhão, um covarde, um devasso tomado de luxúria, um burro, um doidivanas, o que foi que eu fiz para merecer de você que me elogie desse jeito?

Lúcio – Por minha fé, milorde, falei aquilo tudo só de brincadeira, por hábito. Se o senhor quiser me mandar enforcar, o senhor pode... mas eu preferia que fosse do seu agrado eu ser chicoteado, se possível.

Duque – Chicoteado primeiro, sir, e enforcado depois. Pode proclamar isso, preboste, pela cidade toda. Se encontrarem qualquer mulher a quem este sujeitinho indecente tenha feito mal (conforme eu ouvi ele mesmo jurar que tem uma que ele engravidou), deixem que ela se apresente, e ele vai se casar com ela. Terminadas as bodas, ele pode ser chicoteado e enforcado.

Lúcio – Eu imploro a Sua Alteza, não me case com uma puta. Sua Alteza disse, agora mesmo, que eu produzi um duque: fiz do senhor um duque. Meu bom lorde, não me recompense fazendo de mim um corno.

Duque – Por minha honra, tu vais te casar com ela. Tuas calúnias eu perdoo e, além disso, dou por remidas tuas outras multas e penalidades. Carreguem o sujeito para a prisão, e vejam que esta nossa ordem para o matrimônio dele seja executada.

Lúcio – Casar com uma meretriz, milorde, é tortura por esmagamento até a morte, chibatadas e forca, tudo junto!

Duque – É o que merece quem anda por aí difamando um príncipe. Quanto a ela, Cláudio, a quem você fez mal, cuide que você tenha como se redimir. Para você, Mariana, alegria! Ângelo, tenha amor por essa mulher. Eu a ouvi em confissão e sei de suas virtudes. Obrigado, meu bom amigo Éscalo, por sua excepcional bondade. Tem mais coisas a você reservadas, mais gratificantes. Obrigado, preboste, por teu zelo e sigilo. Nós vamos te colocar num cargo de maior valor. Perdoe, Ângelo, aquele que levou à sua casa a cabeça de Ragozine em vez da cabeça de Cláudio. É uma falta que se perdoa a si mesma. Querida Isabel, tenho uma proposta que é de seu interesse, pois, se você estiver disposta a me escutar com receptividade, o que é meu será seu e o que é seu será meu. Então, queira nos acompanhar até o nosso palácio, onde vamos mostrar o que ainda não foi dito e se faz adequado que todos vocês saibam.

[Saem.]

SOBRE A TRADUTORA

Beatriz Viégas-Faria é tradutora formada pela Universidade Federal do Rio Grande do Sul (1986), com especialização em linguística aplicada ao ensino do inglês (UFRGS, 1991). Em 1999, concluiu mestrado na Pontifícia Universidade Católica do Rio Grande do Sul em linguística aplicada, com dissertação sobre tradução de implícitos em *Romeu e Julieta*, e, em 2004, doutorado com tese sobre tradução de implícitos em *Sonho de uma noite de verão*, na mesma instituição. Em 2003, realizou pesquisa em estudos da tradução e tradução teatral na University of Warwick, Inglaterra. Foi organizadora e professora da Oficina de Tradução Literária, curso de extensão da PUCRS. Começou a trabalhar com traduções de obras literárias em 1993, e desde 1997 dedica-se também a traduzir as peças de William Shakespeare. Recebeu o Prêmio Açorianos de Literatura pelas traduções de *Otelo* e de *Trabalhos de amor perdidos*, e também pela obra de sua autoria *Pampa pernambucano (poesia, imagens, e-mails)*.

É professora adjunta da Universidade Federal de Pelotas (UFPel), membro do Centro de Estudos Shakespearianos do Brasil (CESh) e da International Shakespeare Association (ISA).

Coleção L&PM POCKET (LANÇAMENTOS MAIS RECENTES)

150.**Pomba enamorada** – Lygia F. Telles
151.**Contos fluminenses** – Machado de Assis
152.**Antes de Adão** – Jack London
153.**Intervalo amoroso** – A.Romano de Sant'Anna
154.**Memorial de Aires** – Machado de Assis
155.**Naufrágios e comentários** – Cabeza de Vaca
156.**Ubirajara** – José de Alencar
157.**Textos anarquistas** – Bakunin
159.**Amor de salvação** – Camilo Castelo Branco
160.**O gaúcho** – José de Alencar
161.**O livro das maravilhas** – Marco Polo
162.**Inocência** – Visconde de Taunay
163.**Helena** – Machado de Assis
164.**Uma estação de amor** – Horácio Quiroga
165.**Poesia reunida** – Martha Medeiros
166.**Memórias de Sherlock Holmes** – Conan Doyle
167.**A vida de Mozart** – Stendhal
168.**O primeiro terço** – Neal Cassady
169.**O mandarim** – Eça de Queiroz
170.**Um espinho de marfim** – Marina Colasanti
171.**A ilustre Casa de Ramires** – Eça de Queiroz
172.**Lucíola** – José de Alencar
173.**Antígona** – Sófocles – trad. Donaldo Schüler
174.**Otelo** – William Shakespeare
175.**Antologia** – Gregório de Matos
176.**A liberdade de imprensa** – Karl Marx
177.**Casa de pensão** – Aluísio Azevedo
178.**São Manuel Bueno, Mártir** – Unamuno
179.**Primaveras** – Casimiro de Abreu
180.**O noviço** – Martins Pena
181.**O sertanejo** – José de Alencar
182.**Eurico, o presbítero** – Alexandre Herculano
183.**O signo dos quatro** – Conan Doyle
184.**Sete anos no Tibet** – Heinrich Harrer
185.**Vagamundo** – Eduardo Galeano
186.**De repente acidentes** – Carl Solomon
187.**As minas de Salomão** – Rider Haggar
188.**Uivo** – Allen Ginsberg
189.**A ciclista solitária** – Conan Doyle
190.**Os seis bustos de Napoleão** – Conan Doyle
191.**Cortejo do divino** – Nelida Piñon
194.**Os crimes do amor** – Marquês de Sade
195.**Besame Mucho** – Mário Prata
196.**Tuareg** – Alberto Vázquez-Figueroa
197.**O longo adeus** – Raymond Chandler
199.**Notas de um velho safado** – Bukowski
200.**111 ais** – Dalton Trevisan
201.**O nariz** – Nicolai Gogol
202.**O capote** – Nicolai Gogol
203.**Macbeth** – William Shakespeare
204.**Heráclito** – Donaldo Schüler
205.**Você deve desistir, Osvaldo** – Cyro Martins
206.**Memórias de Garibaldi** – A. Dumas
207.**A arte da guerra** – Sun Tzu
208.**Fragmentos** – Caio Fernando Abreu
209.**Festa no castelo** – Moacyr Scliar
210.**O grande deflorador** – Dalton Trevisan
212.**Homem do princípio ao fim** – Millôr Fernandes
213.**Aline e seus dois namorados (1)** – A. Iturrusgarai
214.**A juba do leão** – Sir Arthur Conan Doyle
215.**Assassino metido a esperto** – R. Chandler
216.**Confissões de um comedor de ópio** – Thomas De Quincey
217.**Os sofrimentos do jovem Werther** – Goethe
218.**Fedra** – Racine / Trad. Millôr Fernandes
219.**O vampiro de Sussex** – Conan Doyle
220.**Sonho de uma noite de verão** – Shakespeare
221.**Dias e noites de amor e de guerra** – Galeano
222.**O Profeta** – Khalil Gibran
223.**Flávia, cabeça, tronco e membros** – M. Fernandes
224.**Guia da ópera** – Jeanne Suhamy
225.**Macário** – Álvares de Azevedo
226.**Etiqueta na prática** – Celia Ribeiro
227.**Manifesto do partido comunista** – Marx & Engels
228.**Poemas** – Millôr Fernandes
229.**Um inimigo do povo** – Henrik Ibsen
230.**O paraíso destruído** – Frei B. de las Casas
231.**O gato no escuro** – Josué Guimarães
232.**O mágico de Oz** – L. Frank Baum
233.**Armas no Cyrano's** – Raymond Chandler
234.**Max e os felinos** – Moacyr Scliar
235.**Nos céus de Paris** – Alcy Cheuiche
236.**Os bandoleiros** – Schiller
237.**A primeira coisa que eu botei na boca** – Deonísio da Silva
238.**As aventuras de Simbad, o marújo**
239.**O retrato de Dorian Gray** – Oscar Wilde
240.**A carteira de meu tio** – J. Manuel de Macedo
241.**A luneta mágica** – J. Manuel de Macedo
242.**A metamorfose** – Kafka
243.**A flecha de ouro** – Joseph Conrad
244.**A ilha do tesouro** – R. L. Stevenson
245.**Marx - Vida & Obra** – José A. Giannotti
246.**Gênesis**
247.**Unidos para sempre** – Ruth Rendell
248.**A arte de amar** – Ovídio
249.**O sono eterno** – Raymond Chandler
250.**Novas receitas do Anonymus Gourmet** – J.A.P.M.
251.**A nova catacumba** – Arthur Conan Doyle
252.**Dr. Negro** – Arthur Conan Doyle
253.**Os voluntários** – Moacyr Scliar
254.**A bela adormecida** – Irmãos Grimm
255.**O príncipe sapo** – Irmãos Grimm
256.**Confissões e Memórias** – H. Heine
257.**Viva o Alegrete** – Sergio Faraco
258.**Vou estar esperando** – R. Chandler
259.**A senhora Beate e seu filho** – Schnitzler
260.**O ovo apunhalado** – Caio Fernando Abreu
261.**O ciclo das águas** – Moacyr Scliar
262.**Millôr Definitivo** – Millôr Fernandes
264.**Viagem ao centro da Terra** – Júlio Verne
265.**A dama do lago** – Raymond Chandler
266.**Caminos brancos** – Jack London
267.**O médico e o monstro** – R. L. Stevenson
268.**A tempestade** – William Shakespeare
269.**Assassinatos na rua Morgue** – E. Allan Poe
270.**99 corruíras nanicas** – Dalton Trevisan
271.**Broquéis** – Cruz e Sousa
272.**Mês de cães danados** – Moacyr Scliar

273.**Anarquistas – vol. 1 – A idéia** – G.Woodcock
274.**Anarquistas – vol. 2 – O movimento** – G.Woodcock
275.**Pai e filho, filho e pai** – Moacyr Scliar
276.**As aventuras de Tom Sawyer** – Mark Twain
277.**Muito barulho por nada** – W. Shakespeare
278.**Elogio da loucura** – Erasmo
279.**Autobiografia de Alice B. Toklas** – G. Stein
280.**O chamado da floresta** – J. London
281.**Uma agulha para o diabo** – Ruth Rendell
282.**Verdes vales do fim do mundo** – A. Bivar
283.**Ovelhas negras** – Caio Fernando Abreu
284.**O fantasma de Canterville** – O. Wilde
285.**Receitas de Yayá Ribeiro** – Celia Ribeiro
286.**A galinha degolada** – H. Quiroga
287.**O último adeus de Sherlock Holmes** – A. Conan Doyle
288.**A. Gourmet *em* Histórias de cama & mesa** – J. A. Pinheiro Machado
289.**Topless** – Martha Medeiros
290.**Mais receitas do Anonymus Gourmet** – J. A. Pinheiro Machado
291.**Origens do discurso democrático** – D. Schüler
292.**Humor politicamente incorreto** – Nani
293.**O teatro do bem e do mal** – E. Galeano
294.**Garibaldi & Manoela** – J. Guimarães
295.**10 dias que abalaram o mundo** – John Reed
296.**Numa fria** – Bukowski
297.**Poesia de Florbela Espanca** vol. 1
298.**Poesia de Florbela Espanca** vol. 2
299.**Escreva certo** – E. Oliveira e M. E. Bernd
300.**O vermelho e o negro** – Stendhal
301.**Ecce homo** – Friedrich Nietzsche
302(7).**Comer bem, sem culpa** – Dr. Fernando Lucchese, A. Gourmet e Iotti
303.**O livro de Cesário Verde** – Cesário Verde
305.**100 receitas de macarrão** – S. Lancellotti
306.**160 receitas de molhos** – S. Lancellotti
307.**100 receitas light** – H. e Â. Tonetto
308.**100 receitas de sobremesas** – Celia Ribeiro
309.**Mais de 100 dicas de churrasco** – Leon Diziekaniak
310.**100 receitas de acompanhamentos** – C. Cabeda
311.**Honra ou vendetta** – S. Lancellotti
312.**A alma do homem sob o socialismo** – Oscar Wilde
313.**Tudo sobre Yôga** – Mestre De Rose
314.**Os varões assinalados** – Tabajara Ruas
315.**Édipo em Colono** – Sófocles
316.**Lisístrata** – Aristófanes / trad. Millôr
317.**Sonhos de Bunker Hill** – John Fante
318.**Os deuses de Raquel** – Moacyr Scliar
319.**O colosso de Marússia** – Henry Miller
320.**As eruditas** – Molière / trad. Millôr
321.**Radicci 1** – Iotti
322.**Os Sete contra Tebas** – Ésquilo
323.**Brasil Terra à vista** – Eduardo Bueno
324.**Radicci 2** – Iotti
325.**Júlio César** – William Shakespeare
326.**A carta de Pero Vaz de Caminha**
327.**Cozinha Clássica** – Sílvio Lancellotti
328.**Madame Bovary** – Gustave Flaubert
329.**Dicionário do viajante insólito** – M. Scliar
330.**O capitão saiu para o almoço...** – Bukowski
331.**A carta roubada** – Edgar Allan Poe
332.**É tarde para saber** – Josué Guimarães
333.**O livro de bolso da Astrologia** – Maggy Harrisonx e Mellina Li
334.**1933 foi um ano ruim** – John Fante
335.**100 receitas de arroz** – Aninha Comas
336.**Guia prático do Português correto – vol. 1** – Cláudio Moreno
337.**Bartleby, o escriturário** – H. Melville
338.**Enterrem meu coração na curva do rio** – Dee Brown
339.**Um conto de Natal** – Charles Dickens
340.**Cozinha sem segredos** – J. A. P. Machado
341.**A dama das Camélias** – A. Dumas Filho
342.**Alimentação saudável** – H. e Â. Tonetto
343.**Continhos galantes** – Dalton Trevisan
344.**A Divina Comédia** – Dante Alighieri
345.**A Dupla Sertanojo** – Santiago
346.**Cavalos do amanhecer** – Mario Arregui
347.**Biografia de Vincent van Gogh por sua cunhada** – Jo van Gogh-Bonger
348.**Radicci 3** – Iotti
349.**Nada de novo no front** – E. M. Remarque
350.**A hora dos assassinos** – Henry Miller
351.**Flush – Memórias de um cão** – Virginia Woolf
352.**A guerra no Bom Fim** – M. Scliar
353(1).**O caso Saint-Fiacre** – Simenon
354(2).**Morte na alta sociedade** – Simenon
355(3).**O cão amarelo** – Simenon
356(4).**Maigret e o homem do banco** – Simenon
357.**As uvas e o vento** – Pablo Neruda
358.**On the road** – Jack Kerouac
359.**O coração amarelo** – Pablo Neruda
360.**Livro das perguntas** – Pablo Neruda
361.**Noite de Reis** – William Shakespeare
362.**Manual de Ecologia** – vol.1 – J. Lutzenberger
363.**O mais longo dos dias** – Cornelius Ryan
364.**Foi bom prá você?** – Nani
365.**Crepusculário** – Pablo Neruda
366.**A comédia dos erros** – Shakespeare
367(5).**A primeira investigação de Maigret** – Simenon
368(6).**As férias de Maigret** – Simenon
369.**Mate-me por favor (vol.1)** – L. McNeil
370.**Mate-me por favor (vol.2)** – L. McNeil
371.**Carta ao pai** – Kafka
372.**Os vagabundos iluminados** – J. Kerouac
373(7).**O enforcado** – Simenon
374(8).**A fúria de Maigret** – Simenon
375.**Vargas, uma biografia política** – H. Silva
376.**Poesia reunida (vol.1)** – A. R. de Sant'Anna
377.**Poesia reunida (vol.2)** – A. R. de Sant'Anna
378.**Alice no país do espelho** – Lewis Carroll
379.**Residência na Terra 1** – Pablo Neruda
380.**Residência na Terra 2** – Pablo Neruda
381.**Terceira Residência** – Pablo Neruda
382.**O delírio amoroso** – Bocage
383.**Futebol ao sol e à sombra** – E. Galeano
384(9).**O porto das brumas** – Simenon
385(10).**Maigret e seu morto** – Simenon
386.**Radicci 4** – Iotti
387.**Boas maneiras & sucesso nos negócios** – Celia Ribeiro

388.**Uma história Farroupilha** – M. Scliar
389.**Na mesa ninguém envelhece** – J. A. Pinheiro Machado
390.**200 receitas inéditas do Anonymus Gourmet** – J. A. Pinheiro Machado
391.**Guia prático do Português correto – vol.2** – Cláudio Moreno
392.**Breviário das terras do Brasil** – Assis Brasil
393.**Cantos Cerimoniais** – Pablo Neruda
394.**Jardim de Inverno** – Pablo Neruda
395.**Antonio e Cleópatra** – William Shakespeare
396.**Tróia** – Cláudio Moreno
397.**Meu tio matou um cara** – Jorge Furtado
398.**O anatomista** – Federico Andahazi
399.**As viagens de Gulliver** – Jonathan Swift
400.**Dom Quixote** – (v. 1) – Miguel de Cervantes
401.**Dom Quixote** – (v. 2) – Miguel de Cervantes
402.**Sozinho no Pólo Norte** – Thomaz Brandolin
403.**Matadouro 5** – Kurt Vonnegut
404.**Delta de Vênus** – Anaïs Nin
405.**O melhor de Hagar 2** – Dik Browne
406.**É grave Doutor?** – Nani
407.**Orai pornô** – Nani
408(11).**Maigret em Nova York** – Simenon
409(12).**O assassino sem rosto** – Simenon
410(13).**O mistério das jóias roubadas** – Simenon
411.**A irmãzinha** – Raymond Chandler
412.**Três contos** – Gustave Flaubert
413.**De ratos e homens** – John Steinbeck
414.**Lazarilho de Tormes** – Anônimo do séc. XVI
415.**Triângulo das águas** – Caio Fernando Abreu
416.**100 receitas de carnes** – Sílvio Lancellotti
417.**Histórias de robôs:** vol. 1 – org. Isaac Asimov
418.**Histórias de robôs:** vol. 2 – org. Isaac Asimov
419.**Histórias de robôs:** vol. 3 – org. Isaac Asimov
420.**O país dos centauros** – Tabajara Ruas
421.**A república de Anita** – Tabajara Ruas
422.**A carga dos lanceiros** – Tabajara Ruas
423.**Um amigo de Kafka** – Isaac Singer
424.**As alegres matronas de Windsor** – Shakespeare
425.**Amor e exílio** – Isaac Bashevis Singer
426.**Use & abuse do seu signo** – Marília Fiorillo e Marylou Simonsen
427.**Pigmaleão** – Bernard Shaw
428.**As fenícias** – Eurípides
429.**Everest** – Thomaz Brandolin
430.**A arte de furtar** – Anônimo do séc. XVI
431.**Billy Bud** – Herman Melville
432.**A rosa separada** – Pablo Neruda
433.**Elegia** – Pablo Neruda
434.**A garota de Cassidy** – David Goodis
435.**Como fazer a guerra: máximas de Napoleão** – Balzac
436.**Poemas escolhidos** – Emily Dickinson
437.**Gracias por el fuego** – Mario Benedetti
438.**O sofá** – Crébillon Fils
439.**O "Martín Fierro"** – Jorge Luis Borges
440.**Trabalhos de amor perdidos** – W. Shakespeare
441.**O melhor de Hagar 3** – Dik Browne
442.**Os Maias (volume1)** – Eça de Queiroz
443.**Os Maias (volume2)** – Eça de Queiroz
444.**Anti-Justine** – Restif de La Bretonne
445.**Juventude** – Joseph Conrad
446.**Contos** – Eça de Queiroz
447.**Janela para a morte** – Raymond Chandler
448.**Um amor de Swann** – Marcel Proust
449.**À paz perpétua** – Immanuel Kant
450.**A conquista do México** – Hernan Cortez
451.**Defeitos escolhidos e 2000** – Pablo Neruda
452.**O casamento do céu e do inferno** – William Blake
453.**A primeira viagem ao redor do mundo** – Antonio Pigafetta
454(14).**Uma sombra na janela** – Simenon
455(15).**A noite da encruzilhada** – Simenon
456(16).**A velha senhora** – Simenon
457.**Sartre** – Annie Cohen-Solal
458.**Discurso do método** – René Descartes
459.**Garfield em grande forma (1)** – Jim Davis
460.**Garfield está de dieta** (2) – Jim Davis
461.**O livro das feras** – Patricia Highsmith
462.**Viajante solitário** – Jack Kerouac
463.**Auto da barca do inferno** – Gil Vicente
464.**O livro vermelho dos pensamentos de Millôr** – Millôr Fernandes
465.**O livro dos abraços** – Eduardo Galeano
466.**Voltaremos!** – José Antonio Pinheiro Machado
467.**Rango** – Edgar Vasques
468(8).**Dieta mediterrânea** – Dr. Fernando Lucchese e José Antonio Pinheiro Machado
469.**Radicci 5** – Iotti
470.**Pequenos pássaros** – Anaïs Nin
471.**Guia prático do Português correto – vol.3** – Cláudio Moreno
472.**Atire no pianista** – David Goodis
473.**Antologia Poética** – García Lorca
474.**Alexandre e César** – Plutarco
475.**Uma espiã na casa do amor** – Anaïs Nin
476.**A gorda do Tiki Bar** – Dalton Trevisan
477.**Garfield um gato de peso (3)** – Jim Davis
478.**Canibais** – David Coimbra
479.**A arte de escrever** – Arthur Schopenhauer
480.**Pinóquio** – Carlo Collodi
481.**Misto-quente** – Bukowski
482.**A lua na sarjeta** – David Goodis
483.**O melhor do Recruta Zero (1)** – Mort Walker
484.**Aline: TPM – tensão pré-monstrual (2)** – Adão Iturrusgarai
485.**Sermões do Padre Antonio Vieira**
486.**Garfield numa boa (4)** – Jim Davis
487.**Mensagem** – Fernando Pessoa
488.**Vendeta** *seguido de* **A paz conjugal** – Balzac
489.**Poemas de Alberto Caeiro** – Fernando Pessoa
490.**Ferragus** – Honoré de Balzac
491.**A duquesa de Langeais** – Honoré de Balzac
492.**A menina dos olhos de ouro** – Honoré de Balzac
493.**O lírio do vale** – Honoré de Balzac
494(17).**A barcaça da morte** – Simenon
495(18).**As testemunhas rebeldes** – Simenon
496(19).**Um engano de Maigret** – Simenon
497(1).**A noite das bruxas** – Agatha Christie
498(2).**Um passe de mágica** – Agatha Christie
499(3).**Nêmesis** – Agatha Christie
500.**Esboço para uma teoria das emoções** – Sartre
501.**Renda básica de cidadania** – Eduardo Suplicy
502(1).**Pílulas para viver melhor** – Dr. Lucchese

503(2).**Pílulas para prolongar a juventude** – Dr. Lucchese
504(3).**Desembarcando o diabetes** – Dr. Lucchese
505(4).**Desembarcando o sedentarismo** – Dr. Fernando Lucchese e Cláudio Castro
506(5).**Desembarcando a hipertensão** – Dr. Lucchese
507(6).**Desembarcando o colesterol** – Dr. Fernando Lucchese e Fernanda Lucchese
508.**Estudos de mulher** – Balzac
509.**O terceiro tira** – Flann O'Brien
510.**100 receitas de aves e ovos** – J. A. P. Machado
511.**Garfield em toneladas de diversão** (5) – Jim Davis
512.**Trem-bala** – Martha Medeiros
513.**Os cães ladram** – Truman Capote
514.**O Kama Sutra de Vatsyayana**
515.**O crime do Padre Amaro** – Eça de Queiroz
516.**Odes de Ricardo Reis** – Fernando Pessoa
517.**O inverno da nossa desesperança** – Steinbeck
518.**Piratas do Tietê (1)** – Laerte
519.**Rê Bordosa: do começo ao fim** – Angeli
520.**O Harlem é escuro** – Chester Himes
521.**Café-da-manhã dos campeões** – Kurt Vonnegut
522.**Eugénie Grandet** – Balzac
523.**O último magnata** – F. Scott Fitzgerald
524.**Carol** – Patricia Highsmith
525.**100 receitas de patisseria** – Sílvio Lancellotti
526.**O fator humano** – Graham Greene
527.**Tristessa** – Jack Kerouac
528.**O diamante do tamanho do Ritz** – Scott Fitzgerald
529.**As melhores histórias de Sherlock Holmes** – Arthur Conan Doyle
530.**Cartas a um jovem poeta** – Rilke
531(20).**Memórias de Maigret** – Simenon
532(4).**O misterioso sr. Quin** – Agatha Christie
533.**Os analectos** – Confúcio
534(21).**Maigret e os homens de bem** – Simenon
535(22).**O medo de Maigret** – Simenon
536.**Ascensão e queda de César Birotteau** – Balzac
537.**Sexta-feira negra** – David Goodis
538.**Ora bolas – O humor de Mario Quintana** – Juarez Fonseca
539.**Longe daqui aqui mesmo** – Antonio Bivar
540(5).**É fácil matar** – Agatha Christie
541.**O pai Goriot** – Balzac
542.**Brasil, um país do futuro** – Stefan Zweig
543.**O processo** – Kafka
544.**O melhor de Hagar 4** – Dik Browne
545(6).**Por que não pediram a Evans?** – Agatha Christie
546.**Fanny Hill** – John Cleland
547.**O gato por dentro** – William S. Burroughs
548.**Sobre a brevidade da vida** – Sêneca
549.**Geraldão (1)** – Glauco
550.**Piratas do Tietê (2)** – Laerte
551.**Pagando o pato** – Ciça
552.**Garfield de bom humor (6)** – Jim Davis
553.**Conhece o Mário?** vol.1 – Santiago
554.**Radicci 6** – Iotti
555.**Os subterrâneos** – Jack Kerouac
556(1).**Balzac** – François Taillandier
557(2).**Modigliani** – Christian Parisot
558(3).**Kafka** – Gérard-Georges Lemaire
559(4).**Júlio César** – Joël Schmidt
560.**Receitas da família** – J. A. Pinheiro Machado
561.**Boas maneiras à mesa** – Celia Ribeiro
562(9).**Filhos sadios, pais felizes** – R. Pagnoncelli
563(10).**Fatos & mitos** – Dr. Fernando Lucchese
564.**Ménage à trois** – Paula Taitelbaum
565.**Mulheres!** – David Coimbra
566.**Poemas de Álvaro de Campos** – Fernando Pessoa
567.**Medo e outras histórias** – Stefan Zweig
568.**Snoopy e sua turma (1)** – Schulz
569.**Piadas para sempre (1)** – Visconde da Casa Verde
570.**O alvo móvel** – Ross Macdonald
571.**O melhor do Recruta Zero (2)** – Mort Walker
572.**Um sonho americano** – Norman Mailer
573.**Os broncos também amam** – Angeli
574.**Crônica de um amor louco** – Bukowski
575(5).**Freud** – René Major e Chantal Talagrand
576(6).**Picasso** – Gilles Plazy
577(7).**Gandhi** – Christine Jordis
578.**A tumba** – H. P. Lovecraft
579.**O príncipe e o mendigo** – Mark Twain
580.**Garfield, um charme de gato (7)** – Jim Davis
581.**Ilusões perdidas** – Balzac
582.**Esplendores e misérias das cortesãs** – Balzac
583.**Walter Ego** – Angeli
584.**Striptiras (1)** – Laerte
585.**Fagundes: um puxa-saco de mão cheia** – Laerte
586.**Depois do último trem** – Josué Guimarães
587.**Ricardo III** – Shakespeare
588.**Dona Anja** – Josué Guimarães
589.**24 horas na vida de uma mulher** – Stefan Zweig
590.**O terceiro homem** – Graham Greene
591.**Mulher no escuro** – Dashiell Hammett
592.**No que acredito** – Bertrand Russell
593.**Odisséia (1): Telemaquia** – Homero
594.**O cavalo cego** – Josué Guimarães
595.**Henrique V** – Shakespeare
596.**Fabulário geral do delírio cotidiano** – Bukowski
597.**Tiros na noite 1: A mulher do bandido** – Dashiell Hammett
598.**Snoopy em Feliz Dia dos Namorados! (2)** – Schulz
599.**Mas não se matam cavalos?** – Horace McCoy
600.**Crime e castigo** – Dostoiévski
601(7).**Mistério no Caribe** – Agatha Christie
602.**Odisséia (2): Regresso** – Homero
603.**Piadas para sempre (2)** – Visconde da Casa Verde
604.**À sombra do vulcão** – Malcolm Lowry
605(8).**Kerouac** – Yves Buin
606.**E agora são cinzas** – Angeli
607.**As mil e uma noites** – Paulo Caruso
608.**Um assassino entre nós** – Ruth Rendell
609.**Crack-up** – F. Scott Fitzgerald
610.**Do amor** – Stendhal
611.**Cartas do Yage** – William Burroughs e Allen Ginsberg

612.**Striptiras (2)** – Laerte
613.**Henry & June** – Anaïs Nin
614.**A piscina mortal** – Ross Macdonald
615.**Geraldão (2)** – Glauco
616.**Tempo de delicadeza** – A. R. de Sant'Anna
617.**Tiros na noite 2: Medo de tiro** – Dashiell Hammett
618.**Snoopy em Assim é a vida, Charlie Brown! (3)** – Schulz
619.**1954 – Um tiro no coração** – Hélio Silva
620.**Sobre a inspiração poética (Íon)** e ... – Platão
621.**Garfield e seus amigos (8)** – Jim Davis
622.**Odisséia (3): Ítaca** – Homero
623.**A louca matança** – Chester Himes
624.**Factótum** – Bukowski
625.**Guerra e Paz: volume 1** – Tolstói
626.**Guerra e Paz: volume 2** – Tolstói
627.**Guerra e Paz: volume 3** – Tolstói
628.**Guerra e Paz: volume 4** – Tolstói
629(9).**Shakespeare** – Claude Mourthé
630.**Bem está o que bem acaba** – Shakespeare
631.**O contrato social** – Rousseau
632.**Geração Beat** – Jack Kerouac
633.**Snoopy: É Natal! (4)** – Charles Schulz
634(8).**Testemunha da acusação** – Agatha Christie
635.**Um elefante no caos** – Millôr Fernandes
636.**Guia de leitura (100 autores que você precisa ler)** – Organização de Léa Masina
637.**Pistoleiros também mandam flores** – David Coimbra
638.**O prazer das palavras** – vol. 1 – Cláudio Moreno
639.**O prazer das palavras** – vol. 2 – Cláudio Moreno
640.**Novíssimo testamento: com Deus e o diabo, a dupla da criação** – Iotti
641.**Literatura Brasileira: modos de usar** – Luís Augusto Fischer
642.**Dicionário de Porto-Alegrês** – Luís A. Fischer
643.**Clô Dias & Noites** – Sérgio Jockymann
644.**Memorial de Isla Negra** – Pablo Neruda
645.**Um homem extraordinário e outras histórias** – Tchékhov
646.**Ana sem terra** – Alcy Cheuiche
647.**Adultérios** – Woody Allen
648.**Para sempre ou nunca mais** – R. Chandler
649.**Nosso homem em Havana** – Graham Greene
650.**Dicionário Caldas Aulete de Bolso**
651.**Snoopy: Posso fazer uma pergunta, professora? (5)** – Charles Schulz
652(10).**Luís XVI** – Bernard Vincent
653.**O mercador de Veneza** – Shakespeare
654.**Cancioneiro** – Fernando Pessoa
655.**Non-Stop** – Martha Medeiros
656.**Carpinteiros, levantem bem alto a cumeeira & Seymour, uma apresentação** – J.D.Salinger
657.**Ensaios céticos** – Bertrand Russell
658.**O melhor de Hagar 5** – Dik e Chris Browne
659.**Primeiro amor** – Ivan Turguêniev
660.**A trégua** – Mario Benedetti
661.**Um parque de diversões da cabeça** – Lawrence Ferlinghetti
662.**Aprendendo a viver** – Sêneca
663.**Garfield, um gato em apuros (9)** – Jim Davis
664.**Dilbert 1** – Scott Adams
665.**Dicionário de dificuldades** – Domingos Paschoal Cegalla
666.**A imaginação** – Jean-Paul Sartre
667.**O ladrão e os cães** – Naguib Mahfuz
668.**Gramática do português contemporâneo** – Celso Cunha
669.**A volta do parafuso** *seguido de* **Daisy Miller** – Henry James
670.**Notas do subsolo** – Dostoiévski
671.**Abobrinhas da Brasilônia** – Glauco
672.**Geraldão (3)** – Glauco
673.**Piadas para sempre (3)** – Visconde da Casa Verde
674.**Duas viagens ao Brasil** – Hans Staden
675.**Bandeira de bolso** – Manuel Bandeira
676.**A arte da guerra** – Maquiavel
677.**Além do bem e do mal** – Nietzsche
678.**O coronel Chabert** *seguido de* **A mulher abandonada** – Balzac
679.**O sorriso de marfim** – Ross Macdonald
680.**100 receitas de pescados** – Sílvio Lancellotti
681.**O juiz e seu carrasco** – Friedrich Dürrenmatt
682.**Noites brancas** – Dostoiévski
683.**Quadras ao gosto popular** – Fernando Pessoa
684.**Romanceiro da Inconfidência** – Cecília Meireles
685.**Kaos** – Millôr Fernandes
686.**A pele de onagro** – Balzac
687.**As ligações perigosas** – Choderlos de Laclos
688.**Dicionário de matemática** – Luiz Fernandes Cardoso
689.**Os Lusíadas** – Luís Vaz de Camões
690(11).**Átila** – Éric Deschodt
691.**Um jeito tranqüilo de matar** – Chester Himes
692.**A felicidade conjugal** *seguido de* **O diabo** – Tolstói
693.**Viagem de um naturalista ao redor do mundo** – vol. 1 – Charles Darwin
694.**Viagem de um naturalista ao redor do mundo** – vol. 2 – Charles Darwin
695.**Memórias da casa dos mortos** – Dostoiévski
696.**A Celestina** – Fernando de Rojas
697.**Snoopy: Como você é azarado, Charlie Brown! (6)** – Charles Schulz
698.**Dez (quase) amores** – Claudia Tajes
699(9).**Poirot sempre espera** – Agatha Christie
700.**Cecília de bolso** – Cecília Meireles
701.**Apologia de Sócrates** *precedido de* **Êutifron** e *seguido de* **Críton** – Platão
702.**Wood & Stock** – Angeli
703.**Striptiras (3)** – Laerte
704.**Discurso sobre a origem e os fundamentos da desigualdade entre os homens** – Rousseau
705.**Os duelistas** – Joseph Conrad
706.**Dilbert (2)** – Scott Adams
707.**Viver e escrever** (vol. 1) – Edla van Steen
708.**Viver e escrever** (vol. 2) – Edla van Steen
709.**Viver e escrever** (vol. 3) – Edla van Steen
710(10).**A teia da aranha** – Agatha Christie
711.**O banquete** – Platão
712.**Os belos e malditos** – F. Scott Fitzgerald
713.**Libelo contra a arte moderna** – Salvador Dalí
714.**Akropolis** – Valerio Massimo Manfredi

715.**Devoradores de mortos** – Michael Crichton
716.**Sob o sol da Toscana** – Frances Mayes
717.**Batom na cueca** – Nani
718.**Vida dura** – Claudia Tajes
719.**Carne trêmula** – Ruth Rendell
720.**Cris, a fera** – David Coimbra
721.**O anticristo** – Nietzsche
722.**Como um romance** – Daniel Pennac
723.**Emboscada no Forte Bragg** – Tom Wolfe
724.**Assédio sexual** – Michael Crichton
725.**O espírito do Zen** – Alan W.Watts
726.**Um bonde chamado desejo** – Tennessee Williams
727.**Como gostais** *seguido de* **Conto de inverno** – Shakespeare
728.**Tratado sobre a tolerância** – Voltaire
729.**Snoopy: Doces ou travessuras? (7)** – Charles Schulz
730.**Cardápios do Anonymus Gourmet** – J.A. Pinheiro Machado
731.**100 receitas com lata** – J.A. Pinheiro Machado
732.**Conhece o Mário?** vol.2 – Santiago
733.**Dilbert (3)** – Scott Adams
734.**História de um louco amor** *seguido de* **Passado amor** – Horacio Quiroga
735(11).**Sexo: muito prazer** – Laura Meyer da Silva
736(12).**Para entender o adolescente** – Dr. Ronald Pagnoncelli
737(13).**Desembarcando a tristeza** – Dr. Fernando Lucchese
738.**Poirot e o mistério da arca espanhola & outras histórias** – Agatha Christie
739.**A última legião** – Valerio Massimo Manfredi
740.**As virgens suicidas** – Jeffrey Eugenides
741.**Sol nascente** – Michael Crichton
742.**Duzentos ladrões** – Dalton Trevisan
743.**Os devaneios do caminhante solitário** – Rousseau
744.**Garfield, o rei da preguiça (10)** – Jim Davis
745.**Os magnatas** – Charles R. Morris
746.**Pulp** – Charles Bukowski
747.**Enquanto agonizo** – William Faulkner
748.**Aline: viciada em sexo (3)** – Adão Iturrusgarai
749.**A dama do cachorrinho** – Anton Tchékhov
750.**Tito Andrônico** – Shakespeare
751.**Antologia poética** – Anna Akhmátova
752.**O melhor de Hagar 6** – Dik e Chris Browne
753(12).**Michelangelo** – Nadine Sautel
754.**Dilbert (4)** – Scott Adams
755.**O jardim das cerejeiras** *seguido de* **Tio Vânia** – Tchékhov
756.**Geração Beat** – Claudio Willer
757.**Santos Dumont** – Alcy Cheuiche
758.**Budismo** – Claude B. Levenson
759.**Cleópatra** – Christian-Georges Schwentzel
760.**Revolução Francesa** – Frédéric Bluche, Stéphane Rials e Jean Tulard
761.**A crise de 1929** – Bernard Gazier
762.**Sigmund Freud** – Edson Sousa e Paulo Endo
763.**Império Romano** – Patrick Le Roux
764.**Cruzadas** – Cécile Morrisson
765.**O mistério do Trem Azul** – Agatha Christie
766.**Os escrúpulos de Maigret** – Simenon
767.**Maigret se diverte** – Simenon
768.**Senso comum** – Thomas Paine
769.**O parque dos dinossauros** – Michael Crichton
770.**Trilogia da paixão** – Goethe
771.**A simples arte de matar** (vol.1) – R. Chandler
772.**A simples arte de matar** (vol.2) – R. Chandler
773.**Snoopy: No mundo da lua! (8)** – Charles Schulz
774.**Os Quatro Grandes** – Agatha Christie
775.**Um brinde de cianureto** – Agatha Christie
776.**Súplicas atendidas** – Truman Capote
777.**Ainda restam aveleiras** – Simenon
778.**Maigret e o ladrão preguiçoso** – Simenon
779.**A viúva imortal** – Millôr Fernandes
780.**Cabala** – Roland Goetschel
781.**Capitalismo** – Claude Jessua
782.**Mitologia grega** – Pierre Grimal
783.**Economia: 100 palavras-chave** – Jean-Paul Betbèze
784.**Marxismo** – Henri Lefebvre
785.**Punição para a inocência** – Agatha Christie
786.**A extravagância do morto** – Agatha Christie
787(13).**Cézanne** – Bernard Fauconnier
788.**A identidade Bourne** – Robert Ludlum
789.**Da tranquilidade da alma** – Sêneca
790.**Um artista da fome** *seguido de* **Na colônia penal e outras histórias** – Kafka
791.**Histórias de fantasmas** – Charles Dickens
792.**A louca de Maigret** – Simenon
793.**O amigo de infância de Maigret** – Simenon
794.**O revólver de Maigret** – Simenon
795.**A fuga do sr. Monde** – Simenon
796.**O Uraguai** – Basílio da Gama
797.**A mão misteriosa** – Agatha Christie
798.**Testemunha ocular do crime** – Agatha Christie
799.**Crepúsculo dos ídolos** – Friedrich Nietzsche
800.**Maigret e o negociante de vinhos** – Simemon
801.**Maigret e o mendigo** – Simenon
802.**O grande golpe** – Dashiell Hammett
803.**Humor barra pesada** – Nani
804.**Vinho** – Jean-François Gautier
805.**Egito Antigo** – Sophie Desplancques
806(14).**Baudelaire** – Jean-Baptiste Baronian
807.**Caminho da sabedoria, caminho da paz** – Dalai Lama e Felizitas von Schönborn
808.**Senhor e servo e outras histórias** – Tolstói
809.**Os cadernos de Malte Laurids Brigge** – Rilke
810.**Dilbert (5)** – Scott Adams
811.**Big Sur** – Jack Kerouac
812.**Seguindo a correnteza** – Agatha Christie
813.**O álibi** – Sandra Brown
814.**Montanha-russa** – Martha Medeiros
815.**Coisas da vida** – Martha Medeiros
816.**A cantada infalível** *seguido de* **A mulher do centroavante** – David Coimbra
817.**Maigret e os crimes do cais** – Simenon
818.**Sinal vermelho** – Simenon
819.**Snoopy: Pausa para a soneca (9)** – Charles Schulz
820.**De pernas pro ar** – Eduardo Galeano
821.**Tragédias gregas** – Pascal Thiercy
822.**Existencialismo** – Jacques Colette
823.**Nietzsche** – Jean Granier
824.**Amar ou depender?** – Walter Riso
825.**Darmapada: A doutrina budista em versos**
826.**J'Accuse...! – a verdade em marcha** – Zola

827.**Os crimes ABC** – Agatha Christie
828.**Um gato entre os pombos** – Agatha Christie
829.**Maigret e o sumiço do sr. Charles** – Simenon
830.**Maigret e a morte do jogador** – Simenon
831.**Dicionário de teatro** – Luiz Paulo Vasconcellos
832.**Cartas extraviadas** – Martha Medeiros
833.**A longa viagem de prazer** – J. J. Morosoli
834.**Receitas fáceis** – J. A. Pinheiro Machado
835.(14).**Mais fatos & mitos** – Dr. Fernando Lucchese
836.(15).**Boa viagem!** – Dr. Fernando Lucchese
837.**Aline: Finalmente nua!!!** (4) – Adão Iturrusgarai
838.**Mônica tem uma novidade!** – Mauricio de Sousa
839.**Cebolinha em apuros!** – Mauricio de Sousa
840.**Sócios no crime** – Agatha Christie
841.**Bocas do tempo** – Eduardo Galeano
842.**Orgulho e preconceito** – Jane Austen
843.**Impressionismo** – Dominique Lobstein
844.**Escrita chinesa** – Viviane Alleton
845.**Paris: uma história** – Yvan Combeau
846(15).**Van Gogh** – David Haziot
847.**Maigret e o corpo sem cabeça** – Simenon
848.**Portal do destino** – Agatha Christie
849.**O futuro de uma ilusão** – Freud
850.**O mal-estar na cultura** – Freud
851.**Maigret e o matador** – Simenon
852.**Maigret e o fantasma** – Simenon
853.**Um crime adormecido** – Agatha Christie
854.**Satori em Paris** – Jack Kerouac
855.**Medo e delírio em Las Vegas** – Hunter Thompson
856.**Um negócio fracassado e outros contos de humor** – Tchékhov
857.**Mônica está de férias!** – Mauricio de Sousa
858.**De quem é esse coelho?** – Mauricio de Sousa
859.**O burgomestre de Furnes** – Simenon
860.**O mistério Sittaford** – Agatha Christie
861.**Manhã transfigurada** – Luiz Antonio de Assis Brasil
862.**Alexandre, o Grande** – Pierre Briant
863.**Jesus** – Charles Perrot
864.**Islã** – Paul Balta
865.**Guerra da Secessão** – Farid Ameur
866.**Um rio que vem da Grécia** – Cláudio Moreno
867.**Maigret e os colegas americanos** – Simenon
868.**Assassinato na casa do pastor** – Agatha Christie
869.**Manual do líder** – Napoleão Bonaparte
870(16).**Billie Holiday** – Sylvia Fol
871.**Bidu arrasando!** – Mauricio de Sousa
872.**Desventuras em família** – Mauricio de Sousa
873.**Liberty Bar** – Simenon
874.**E no final a morte** – Agatha Christie
875.**Guia prático do Português correto – vol. 4** – Cláudio Moreno
876.**Dilbert (6)** – Scott Adams
877(17).**Leonardo da Vinci** – Sophie Chauveau
878.**Bella Toscana** – Frances Mayes
879.**A arte da ficção** – David Lodge
880.**Striptiras (4)** – Laerte
881.**Skrotinhos** – Angeli
882.**Depois do funeral** – Agatha Christie
883.**Radicci 7** – Iotti
884.**Walden** – H. D. Thoreau
885.**Lincoln** – Allen C. Guelzo
886.**Primeira Guerra Mundial** – Michael Howard
887.**A linha de sombra** – Joseph Conrad
888.**O amor é um cão dos diabos** – Bukowski
889.**Maigret sai em viagem** – Simenon
890.**Despertar: uma vida de Buda** – Jack Kerouac
891(18).**Albert Einstein** – Laurent Seksik
892.**Hell's Angels** – Hunter Thompson
893.**Ausência na primavera** – Agatha Christie
894.**Dilbert (7)** – Scott Adams
895.**Ao sul de lugar nenhum** – Bukowski
896.**Maquiavel** – Quentin Skinner
897.**Sócrates** – C.C.W. Taylor
898.**A casa do canal** – Simenon
899.**O Natal de Poirot** – Agatha Christie
900.**As veias abertas da América Latina** – Eduardo Galeano
901.**Snoopy: Sempre alerta! (10)** – Charles Schulz
902.**Chico Bento: Plantando confusão** – Mauricio de Sousa
903.**Penadinho: Quem é morto sempre aparece** – Mauricio de Sousa
904.**A vida sexual da mulher feia** – Claudia Tajes
905.**100 segredos de liquidificador** – José Antonio Pinheiro Machado
906.**Sexo muito prazer 2** – Laura Meyer da Silva
907.**Os nascimentos** – Eduardo Galeano
908.**As caras e as máscaras** – Eduardo Galeano
909.**O século do vento** – Eduardo Galeano
910.**Poirot perde uma cliente** – Agatha Christie
911.**Cérebro** – Michael O'Shea
912.**O escaravelho de ouro e outras histórias** – Edgar Allan Poe
913.**Piadas para sempre (4)** – Visconde da Casa Verde
914.**100 receitas de massas light** – Helena Tonetto
915(19).**Oscar Wilde**– Daniel Salvatore Schiffer
916.**Uma breve história do mundo** – H. G. Wells
917.**A Casa do Penhasco** – Agatha Christie
918.**Maigret e o finado sr. Gallet** – Simenon
919.**John M. Keynes** – Bernard Gazier
920(20).**Virginia Woolf** – Alexandra Lemasson
921.**Peter e Wendy** *seguido de* **Peter Pan em Kensington Gardens** – J. M. Barrie
922.**Aline: numas de colegial (5)** – Adão Iturrusgarai
923.**Uma dose mortal** – Agatha Christie
924.**Os trabalhos de Hércules** – Agatha Christie
925.**Maigret na escola** – Simenon
926.**Kant** – Roger Scruton
927.**A inocência do Padre Brown** – G.K. Chesterton
928.**Casa Velha** – Machado de Assis
929.**Marcas de nascença** – Nancy Huston
930.**Aulete de bolso**
931.**Hora Zero** – Agatha Christie
932.**Morte na Mesopotâmia** – Agatha Christie
933.**Um crime na Holanda** – Simenon
934.**Nem te conto, João** – Dalton Trevisan
935.**As aventuras de Huckleberry Finn** – Mark Twain
936(21).**Marilyn Monroe** – Anne Plantagenet
937.**China moderna** – Rana Mitter
938.**Dinossauros** – David Norman
939.**Louca por homem** – Claudia Tajes
940.**Amores de alto risco** – Walter Riso
941.**Jogo de damas** – David Coimbra

942.**Filha é filha** – Agatha Christie
943.**M ou N?** – Agatha Christie
944.**Maigret se defende** – Simenon
945.**Bidu: diversão em dobro!** – Mauricio de Sousa
946.**Fogo** – Anaïs Nin
947.**Rum: diário de um jornalista bêbado** – Hunter Thompson
948.**Persuasão** – Jane Austen
949.**Lágrimas na chuva** – Sergio Faraco
950.**Mulheres** – Bukowski
951.**Um pressentimento funesto** – Agatha Christie
952.**Cartas na mesa** – Agatha Christie
953.**Maigret em Vichy** – Simenon
954.**O lobo do mar** – Jack London
955.**Os gatos** – Patricia Highsmith
956(22).**Jesus** – Christiane Rancé
957.**História da medicina** – William Bynum
958.**O Morro dos Ventos Uivantes** – Emily Brontë
959.**A filosofia na era trágica dos gregos** – Nietzsche
960.**Os treze problemas** – Agatha Christie
961.**A massagista japonesa** – Moacyr Scliar
962.**A taberna dos dois tostões** – Simenon
963.**Humor do miserê** – Nani
964.**Todo o mundo tem dúvida, inclusive você** – Édison Oliveira
965.**A dama do Bar Nevada** – Sergio Faraco
966.**O Smurf Repórter** – Peyo
967.**O Bebê Smurf** – Peyo
968.**Maigret e os flamengos** – Simenon
969.**O psicopata americano** – Bret Easton Ellis
970.**Ensaios de amor** – Alain de Botton
971.**O grande Gatsby** – F. Scott Fitzgerald
972.**Por que não sou cristão** – Bertrand Russell
973.**A Casa Torta** – Agatha Christie
974.**Encontro com a morte** – Agatha Christie
975(23).**Rimbaud** – Jean-Baptiste Baronian
976.**Cartas na rua** – Bukowski
977.**Memória** – Jonathan K. Foster
978.**A abadia de Northanger** – Jane Austen
979.**As pernas de Úrsula** – Claudia Tajes
980.**Retrato inacabado** – Agatha Christie
981.**Solanin (1)** – Inio Asano
982.**Solanin (2)** – Inio Asano
983.**Aventuras de menino** – Mitsuru Adachi
984(16).**Fatos & mitos sobre sua alimentação** – Dr. Fernando Lucchese
985.**Teoria quântica** – John Polkinghorne
986.**O eterno marido** – Fiódor Dostoiévski
987.**Um safado em Dublin** – J. P. Donleavy
988.**Mirinha** – Dalton Trevisan
989.**Akhenaton e Nefertiti** – Carmen Seganfredo e A. S. Franchini
990.**On the Road – o manuscrito original** – Jack Kerouac
991.**Relatividade** – Russell Stannard
992.**Abaixo de zero** – Bret Easton Ellis
993(24).**Andy Warhol** – Mériam Korichi
994.**Maigret** – Simenon
995.**Os últimos casos de Miss Marple** – Agatha Christie
996.**Nico Demo** – Mauricio de Sousa
997.**Maigret e a mulher do ladrão** – Simenon
998.**Rousseau** – Robert Wokler
999.**Noite sem fim** – Agatha Christie
1000.**Diários de Andy Warhol (1)** – Editado por Pat Hackett
1001.**Diários de Andy Warhol (2)** – Editado por Pat Hackett
1002.**Cartier-Bresson: o olhar do século** – Pierre Assouline
1003.**As melhores histórias da mitologia: vol. 1** – A.S. Franchini e Carmen Seganfredo
1004.**As melhores histórias da mitologia: vol. 2** – A.S. Franchini e Carmen Seganfredo
1005.**Assassinato no beco** – Agatha Christie
1006.**Convite para um homicídio** – Agatha Christie
1007.**Um fracasso de Maigret** – Simenon
1008.**História da vida** – Michael J. Benton
1009.**Jung** – Anthony Stevens
1010.**Arsène Lupin, ladrão de casaca** – Maurice Leblanc
1011.**Dublinenses** – James Joyce
1012.**120 tirinhas da Turma da Mônica** – Mauricio de Sousa
1013.**Antologia poética** – Fernando Pessoa
1014.**A aventura de um cliente ilustre** ***seguido de*** **O último adeus de Sherlock Holmes** – Sir Arthur Conan Doyle
1015.**Cenas de Nova York** – Jack Kerouac
1016.**A corista** – Anton Tchékhov
1017.**O diabo** – Leon Tolstói
1018.**Fábulas chinesas** – Sérgio Capparelli e Márcia Schmaltz
1019.**O gato do Brasil** – Sir Arthur Conan Doyle
1020.**Missa do Galo** – Machado de Assis
1021.**O mistério de Marie Rogêt** – Edgar Allan Poe
1022.**A mulher mais linda da cidade** – Bukowski
1023.**O retrato** – Nicolai Gogol
1024.**O conflito** – Agatha Christie
1025.**Os primeiros casos de Poirot** – Agatha Christie
1026.**Maigret e o cliente de sábado** – Simenon
1027(25).**Beethoven** – Bernard Fauconnier
1028.**Platão** – Julia Annas
1029.**Cleo e Daniel** – Roberto Freire
1030.**Til** – José de Alencar
1031.**Viagens na minha terra** – Almeida Garrett
1032.**Profissões para mulheres e outros artigos feministas** – Virginia Woolf
1033.**Mrs. Dalloway** – Virginia Woolf
1034.**O cão da morte** – Agatha Christie
1035.**Tragédia em três atos** – Agatha Christie
1036.**Maigret hesita** – Simenon
1037.**O fantasma da Ópera** – Gaston Leroux
1038.**Evolução** – Brian e Deborah Charlesworth
1039.**Medida por medida** – Shakespeare
1040.**Razão e sentimento** – Jane Austen
1041.**A obra-prima ignorada** ***seguido de*** **Um episódio durante o Terror** – Balzac
1042.**A fugitiva** – Anaïs Nin
1043.**As grandes histórias da mitologia greco--romana** – A. S. Franchini
1044.**O corno de si mesmo & outras historietas** – Marquês de Sade
1045.**Da felicidade** ***seguido de*** **Da vida retirada** – Sêneca
1046.**O horror em Red Hook e outras histórias** – H. P. Lovecraft
1047.**Noite em claro** – Martha Medeiros